JN209592

CYBER RISK MANAGEMENT

監修：大河内智秀, CISSP

著：竹内文孝, CISSP
伊藤潤, CISSP

決定版
サイバーリスクマネジメント

企業価値を高める最新知識と戦略

NTT出版

はじめに

国際社会の構造変化に直結したサイバー空間の出来事

　"サイバー空間は陸・海・空・宇宙に次ぐ第5の戦場"と米国国防総省（DOD）が2011年に宣言して8年経過した。しかし、戦争のない平成の時代を過ごした私たち日本人は"戦場"と言われてもピンとこないし、サイバー空間に国境はなく世界中がつながっていると理解はしていても、多くの日本の経営環境においては関係のないこととして扱われてきたように思う。

　一方、21世紀になって社会構造は大きく変化しようとしている。20世紀後半から起きた第三次産業革命では、コンピュータによる生産ラインの自動化やインターネットの普及、IT企業の急成長、様々な産業でのIT導入が必然となり、世界は急激にデジタル化が進んだ。そして、2011年ドイツの国家プロジェクト（Industry 4.0）が発端と言われる第四次産業革命では、様々な物がインターネットにつながるIoTの普及によって収集された情報がAI技術で自動解析され、人間からの指示がなくても生産ラインが自律的に稼動するなど、新たな価値を創出しビジネスモデルが軽やかに変化するコネクテッドインダストリーズの時代となった。また、GAFA（Google、Amazon、Facebook、Apple）など、インターネット上で商品やサービス、情報を提供する基盤となる企業が台頭し、プラットフォーマーとして注目を浴びるようになった。いまや、今後のグローバル市場で競争力を維持向上させるためにはサイバー空間の出来事は重大な関心事の1つである。

　こうした中、日本政府は2013年に「世界最先端IT国家創造宣言」を閣議決定し、革新的な新産業・新サービスの創出および全産業の成長を促進する社会の実現など、今後のIT戦略に関わる取り組み方針を発表した。翌2014年にはサイバーセキュリティ基本法が成立し、国家戦略として国の行政機関をはじめ重要インフラ事業者等におけるサイバーセキュリティの確保や、民

間企業および教育機関の自発的な取り組みを推進し、自身もサイバーセキュリティの確保に努めなければならないことが責務である旨の指針を明示。さらに、2016年には第5期科学技術基本計画が閣議決定され、サイバー空間（仮想空間）とフィジカル空間（現実空間）を高度に融合させた超スマート社会（Society 5.0）の推進を立案。経済発展と社会的課題の解決を両立させる人間中心社会の実現に向けた基本計画を発表するなど、グローバル環境下における競争力強化の対応策について攻守の面で表明している。

そして2017年11月、経済産業省は日々巧妙化するサイバー攻撃の侵害自体を認識できない企業が増えている現状を踏まえて、サイバーセキュリティ経営ガイドラインをVer. 2.0に改訂し、サイバー攻撃の被害を想定した体制化とその機能を、自社グループのみならずビジネスパートナーや委託先等を含めたサプライチェーン全体に拡大して運用管理することなど、経営者が担当幹部に指示すべき重要項目の1つに挙げた。また、2018年12月、5年ぶりの改訂が閣議決定した「防衛計画の大綱」では優先的な取り組みとして「サイバー防衛能力」の強化などを列挙。さらに、米中貿易摩擦が深刻化するなか「サイバーセキュリティを確保するうえで、情報システムに悪意のある機能が組み込まれた機器を調達しないようにすることが極めて重要」と日本政府が言及するなど、ここにきてIT戦略の守りとなるサイバーセキュリティの対応策が重要課題として注目されている。

なぜサイバーセキュリティは重要課題なのか

今なぜサイバーセキュリティが重要課題なのかを改めて考えてみる。今後拡大の一途をたどるSociety 5.0の社会では、通信事業者の通信設備や一般企業のICT環境、個人がもつパソコンやスマートフォンの他、街頭の監視カメラ、工場設備や車両等に配備された様々なセンサー機器など多種多様な端末がつながり、その情報を集約し利活用して新たな価値を生み出す情報システム基盤が、国家戦略や経営戦略の具現化を担うからである。

そしてこの情報システム基盤は、業務効率を維持向上させるために、日々のメンテナンスを自律的かつ自動的に実行する機能や、最新のアプリケー

ションをタイムリーに更新する機能が必要不可欠であり、その遠隔制御の仕組みが優位性のポイントとなる。その反面、それが脆弱性にもなり得る点を忘れてはならない。もし、悪意をもってこのシステムを遠隔から操ることができれば、不正に情報収集しプライバシー侵害などを起こすことができるし、情報システム自体を一斉に停止して社会基盤を機能不全にするテロ行為を実行することも可能である。また、盗聴機能を新しいアプリケーションとして更新し、装備できれば、国家や企業の機密事項を不正入手することなども可能になってしまうのである。

したがって"サイバー空間は第5の戦場"といわれる現代社会において、国家基盤または経営基盤の位置づけとなった情報システムの「機密性」「完全性」「可用性」に配慮が行き届いていない国家とはまともな情報交換を避けるべきであり、その国の企業ともビジネス上の取引は敬遠すべきという風潮がグローバルスタンダードであると言っても過言ではない。また、自国の情報資産を守る法規制として、2017年6月に中華人民共和国サイバーセキュリティ法の施行や、2018年5月にはEU一般データ保護規則（GDPR）の適用など整備が進んでおり、この法規制に基づくセキュリティ対策の実装自体がグローバル市場で事業継続性を確保するために必要不可欠な条件となっている。

経営者の危機管理意識

このような中、著者の一人・竹内はNTTコミュニケーションズ株式会社のセキュリティエバンジェリストの活動を通じて、年間200社以上の企業経営者または経営を直接サポートされる役職の方と面談する機会をいただいている。

セキュリティエバンジェリストの著者と面談される方のうち大半は、当然のことながら今後自社のセキュリティ対策をご担当される方々だが、この数年の間に相談内容の変化を見ることができる。例えば、2016年以前は「サイバー空間のホラーストーリーは分かるが我が社には関係ない（そう信じたい）」といった反応が多かった。これが2017年には「セキュリティ対策は必

要だが他社はどの程度やっているのか」「我が社のセキュリティレベルは他社（標準）と比べてどうなのか」に変わり、2018年になると「セキュリティ対策に完全はないがどこまで金をかければいいのか」「人的リソースが無いからできない」「何から手をつけたら最も効果的なのか」といったように、相談内容は対策導入に向けた具体的なものとなり、「無関心」から「検討中」そして「断行」へと確実に危機管理の意識は高まっていると感じられるようになった。

　一方、サイバーセキュリティの成熟度をさらにレベルアップさせるためには、リスク管理の観点で課題認識をもつべきだと感じることも多い。一般的に、危機管理とリスク管理の違いとは、「既に起きてしまった事態への対応」が危機管理、「まだ起きていない事態に備えること」がリスク管理である。これをサイバーセキュリティに置き換えると、危機管理は情報システム自体の復旧保全が主目的であり、例えば現在流行しているコンピュータウイルスから自社を守ることや、感染した際の迅速な対応策が主な関心事となる。一方、リスク管理は情報システムに関わる経営資源（システム構成機器、アプリケーション、取り扱う情報、システム利用者、業務形態、業務プロセスなど）において、平常時から定期的に発生し得る様々な悪影響を想定し、その対応策の立案や優先順位に基づく実装など、有事の際の実行力を準備しておく、言わば予防保全が主目的といえる。

　第四次産業革命の展開に向けて、経営基盤となる情報システムは市場ニーズに即応した俊敏性と利便性が求められ、必然的にクラウドファーストなどのオープン化が進行するであろう。その経営環境は一層ハイリスクな状況となるが、ビジネス競争力を強化しハイリターンを得るために避けては通れない。よって、めまぐるしいスピードで変化するサイバー空間の情勢に平常時から気を配り、その時々の影響を踏まえて決断しリアルオプションを実行する経営姿勢が不可欠となる。繰り返すが、第四次産業革命の中における経営にはサイバー空間の危機がつきものだが、危機に瀕してから対応策を考えるのではなく起こり得る事態を事前に予測し、有事を前提とした実行計画を備えることで被害の最小化や事業継続性を確保する経営姿勢こそが、信頼性と

俊敏性を両立した高い競争力となり、グローバル市場での利益の源泉になるといっても過言ではない。

持続可能な経営基盤の礎

　著者の一人・伊藤は、サイバーセキュリティコンサルタントとして長年の実績があり、官公庁や企業など様々な組織のサイバーリスクマネジメントを最前線で支援している。その中で伊藤が感じていることは、経営レベルと現場レベルの課題認識のギャップだ。「セキュリティは事故が起きなくて当たり前、万が一事故が起きれば現場担当者の責任」という暗黙の了解が、セキュリティ担当者の後継者不足や実行力低下を招く一つの要因になっている。しかし、前述のとおりサイバー空間の環境は大きく変わってきている。セキュリティ事故を完全防御することはもはや不可能であり、攻撃されることを前提に、いち早く攻撃を察知し速やかに対応することが大事である。つまり平常時から有事に備えた準備やその実行力強化のための訓練を継続することが重要である。よって、伊藤は経営レベルの方に対して、経営基盤の安全確保のために、サイバーリスクマネジメントの実行力となる現場レベルのセキュリティ担当者と互いの課題認識を共通化して、経営基盤のセキュリティを担う人と技術に適正な投資をするよう主張している。また、セキュリティ投資のリターンはサイバー空間における組織の安全確保であり、風評の管理でもあるため、セキュリティは万が一の時のためのコストではなく、持続可能な経営基盤の礎として永続的に取り組むよう奨めている。

本書の構成

　本書は、経営者または経営を直接サポートされる方が、サイバーリスクマネジメントを推進するうえで必要となる、基礎知識と実践法に関する解説書である。

　第1章と第2章でサイバーリスクとは何かを説き、サイバーリスクマネジメントに関わる基本的な考えを示す。第3章から第5章ではサイバーリスクの根源となる脅威と脆弱性、およびその対応策について具体例を含め技術的

な必要事項を紹介する。第6章ではグローバル環境におけるセキュリティ関連のガイドラインなどを紹介し、法的リスクへの基本的な対応策を示す。第7章では経営者が説明責任を果たすために必要となる、サイバーリスクの定量的な評価方法やリスク低減に向けて組織的に取り組む改善策などを、事例を含めて紹介する。

　サイバー空間が重大な役割を担う第四次産業革命。そのボーダレスなグローバル市場でサイバーリスクマネジメントを推進する皆様に、本書をバイブルとしてご活用いただき、日々競争激化するビジネス環境で勝ち抜くための一助とされることを願っている。

決定版　サイバーリスクマネジメント

目次

第 1 章 健全な経営を支える サイバーリスクマネジメントの展開

1.1 グローバル環境でビジネス競争力を発揮する デジタルトランスフォーメーション

　クラウド・コンピューティングやビッグデータ、あるいはIoT、AIといったテクノロジーを駆使し、新たな事業の創出やビジネスの変革を目指すデジタルトランスフォーメーションに向けた取り組みが各企業で加速している。こうした新たなIT活用の気運が高まったきっかけとして、ドイツ政府が「Industry 4.0」と呼ばれる取り組みを発表したことが挙げられる。

　このIndustry 4.0の根幹にあるのは、IoTの技術を用いて工場内のあらゆる機器をインターネットに接続することで得られた情報を分析することにより、機器同士の連携、あるいは機器と人の協調動作を可能にする「スマートファクトリー」と呼ばれる考え方だ。これによって生産や流通の自動化、あるいは設計から生産に至るまでの全体最適を果たし、生産性を大幅に向上させることを目的としている。また、オフィスの業務で活用するIT（Infomation Technology）と工場の生産ラインで活用するOT（Operational Technology：物理的な機器などを監視・制御するためのシステム全般を指す）はこれまで切り離して運用管理することが多かったが、スマートファクトリーの実現によって両者を融合させることも重要なポイントとなる。

　一方、日本においては2013年に「世界最先端IT国家創造宣言」が閣議決定されている。バブル経済の崩壊以降、日本の経済は長きにわたる低迷を続けており、このままでは経済先進国の立ち位置が揺らぎかねない。「失われ

図 1-1

デジタルトランスフォーメーションがビジネス競争力を左右する!?

総合的な競争力 (Top10)		[1]	デジタル 競争力	[2]	総合的な競争力 (11位〜20位)		[1]	デジタル 競争力	[2]
米国	1 ⬆		1 ⬆		ルクセンブルク	11 ⬇		24 ⬇	
香港	2 ⬇		11 ⬇		アイルランド	12 ⬇		20 ⬆	
シンガポール	3 ➡		2 ⬇		中国	13 ⬆		30 ⬆	
オランダ	4 ⬆		9 ⬇		カタール	14 ⬆		28 ⬆	
スイス	5 ⬇		5 ⬆		ドイツ	15 ⬇		18 ⬇	
デンマーク	6 ⬆		4 ⬆		フィンランド	16 ⬇		7 ⬆	
アラブ首長国連邦	7 ⬆		17 ⬆		台湾	17 ⬇		16 ⬇	
ノルウェー	8 ⬆		6 ⬆		オーストリア	18 ⬇		15 ⬇	
スウェーデン	9 ➡		3 ⬇		オーストラリア	19 ⬇		13 ⬇	
カナダ	10 ⬆		8 ⬆		英国	20 ⬇		10 ⬆	
					日本	25 ⬆		22 ⬆	

[1] 総合的な競争力は、企業にとってビジネス環境の優位性について「経済状況」「政府の効率性」「ビジネスの効率性」「インフラ状況」の4つの指標で評価。

[2] デジタル競争力の指標は、デジタル技術の活用のために開発または適用されている度合いについて「知識」「技術」「将来への備え」の3つの指標で評価。

出典：IMD WORLD COMPETITIVENESS CENTER YEARBOOK 2018

　た30年」とならぬように、日本が抱える様々な課題を解決するためのツールとして期待されているのがITというわけだ。また、この宣言の中で注目したいのが「課題解決先進国」という言葉である。高齢化をはじめ多くの課題に直面している日本は課題の先進国であり、今後はITを利活用することでそうした社会的課題に立ち向かって解決するという方針が打ち出されたのだ。

　さらに2016年に科学技術基本計画の第5期（2016年度〜2020年度）のキャッチフレーズとして提示されたのが「Society 5.0」だ。これは、狩猟社会、農耕社会、工業社会、情報社会に次ぐ、第5の新たな社会という意味であり、サイバー空間と現実空間を高度に融合させることで経済発展と社会的課題の解決を両立させる新たな未来社会を指す。

　このようにITの活用が急がれる背景の1つとして、経済発展においてデジタルの力が極めて大きいことが明確になってきたことが挙げられるだろ

う。国際経営開発研究所（IMD：International Institute for Management Development）が公表した世界競争力ランキング2018（図1-1）を見ると、総合的な競争力でトップ10に位置する国々は、デジタル競争力においてもやはり上位に位置している。一方、日本の総合的な競争力は25位であり、デジタル競争力も22位にとどまる。このような状況を放置すれば、今後さらに日本の経済的な影響力は弱まることになりかねない。IT活用、そしてデジタルトランスフォーメーションの実現に国を挙げて取り組むのは必然といえるのである。

1.2 デジタルトランスフォーメーションの影となる サイバーリスクの出現

　このような背景から国全体でITを活用して経済成長や社会課題の解決を目指す姿勢が明確にされているが、その一方で大きくなっているのがサイバーリスクへの懸念である。リスクとは一般的に将来への「不確かさ」とその「影響」を示すもので危険性と訳すことができる。リスクの語源は「岸壁の間を船で行く」だとされるが、それは、敢えて岸壁の間を通過する危険性を負ってもたどり着きたい場所があるとの意味であり、要するにたどり着きたい「利益」を得るためには「危険性」が伴うということを示している。サイバーリスクとは、デジタルトランスフォーメーションによってたどり着く新たな価値の創出や自動化／効率化といった輝かしい利益の源泉に付きまとう影のようなもので、経営上の危険性と言い換えることができるのだ。

　日本では2014年にサイバーセキュリティ基本法が、2018年にはその改正案が成立しており、国および地方公共団体の責務などを明らかにし、サイバーセキュリティ戦略の策定や関連する施策の基本事項を定めている。世界に目を向けると、個人のプライバシーの保護が重要な関心事となっており、EU一般データ保護規則（GDPR：General Data Protection Regulation）など、個人情報を保護することを目的とした法整備が各国で進んでいる。

　いずれにしても、国家的戦略として高度なIT活用を目指し、デジタルトランスフォーメーションを推進していくためにはサイバーリスクに正面から

図1-2

セキュリティ対策は世界中の経営者の共通課題に

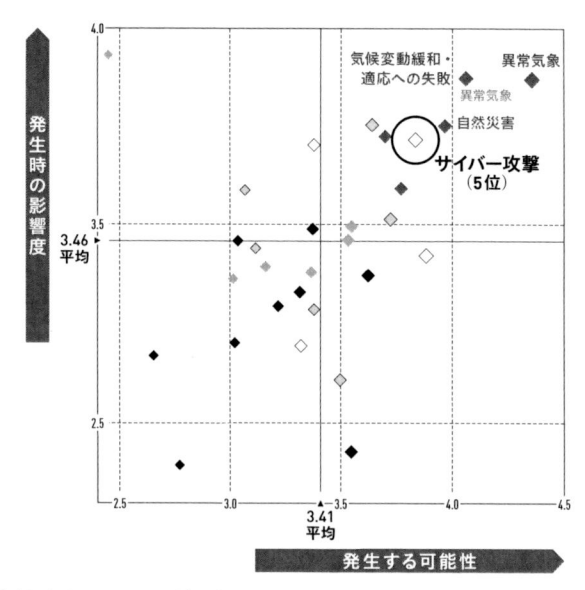

出典：The Global Risks Report 2019 14th Edition

向き合う必要がある。実際にサイバー空間の脅威が浮き彫りになってきたのは2000年頃からであるが、当初は個人が自らのITスキルをアピールするために、自作したコンピュータウイルスをメール等で配信して被害者のパソコン画面を改ざんする愉快犯的な犯行が目立った。しかしその後、社会的／政治的な主張を目的としたサイバー攻撃を集団活動で行うハクティビスト（ハッカー "hacker" と活動家 "activist" を組み合わせた造語）が出現するようになった。また、組織化した攻撃者集団はウイルス作成、配信、被害者との交渉、金銭受け渡し等の役割を分業して巧妙化／悪質化しサイバー空間の闇市場を形成した。その結果、金銭目的で行われたサイバー攻撃は年々増加の一途をたどっている。さらに最近では国家間の諜報活動や破壊行為などの軍事目的、あるいはテロ目的での開発が疑われるマルウェアも発見されている。ま

さにサイバー空間が「第5の戦場」になっているというわけだ。

　サイバーリスクは世界的にも深刻な課題として受け止められている。世界経済フォーラムが公表したグローバルリスク報告書2019年版では、発生しそうなリスクの5番目に「サイバー攻撃」が挙げられている（図1-2）。この結果からも、サイバーリスクが世界共通の課題となっていることが理解できるだろう。

1.3 自動化／効率化の影に潜む業務停止の危険性

　サイバーリスクが企業活動に影響を及ぼした例として、脆弱性の放置による業務停止がある。その危険性を認識させたのがWannaCryと呼ばれるマルウェアだ。これはランサムウェアと呼ばれるもので、感染するとコンピュータ内部のデータが暗号化され、元に戻す（復号）ためには金銭を要求される。

　WannaCryはWindowsの脆弱性を悪用して感染の拡大を図るのだが、実はその脆弱性についての危険性は以前から指摘されており、それを修正するためのプログラム（パッチ）も公開されていた。つまりパッチを適用していれば感染は防げるはずだったのである。しかし実際には、そのパッチを適用しないままのコンピュータが数多く存在し、WannaCryの感染によって大きな混乱が生じてしまったのだ。

　このインシデントで印象的だったのは、工場内のコンピュータがWannaCryに感染し、それによって操業停止に追い込まれるという事態に発展した企業があったことだ。従来、工場内で使われるコンピュータが接続されているOT環境は、オフィスのIT環境やインターネットとは切り離して運用することが一般的だった。つまりOT環境は一種の無菌状態であり、脆弱性を放置していてもマルウェアは到達できないため感染することはないと考えられていたのだ。このような背景から脆弱性の把握やその対処には多くの人々は無関心であり、またOT環境はIT環境とは切り離されていることから、独自の規定で運用し、情報システム部門の目が届いていないという

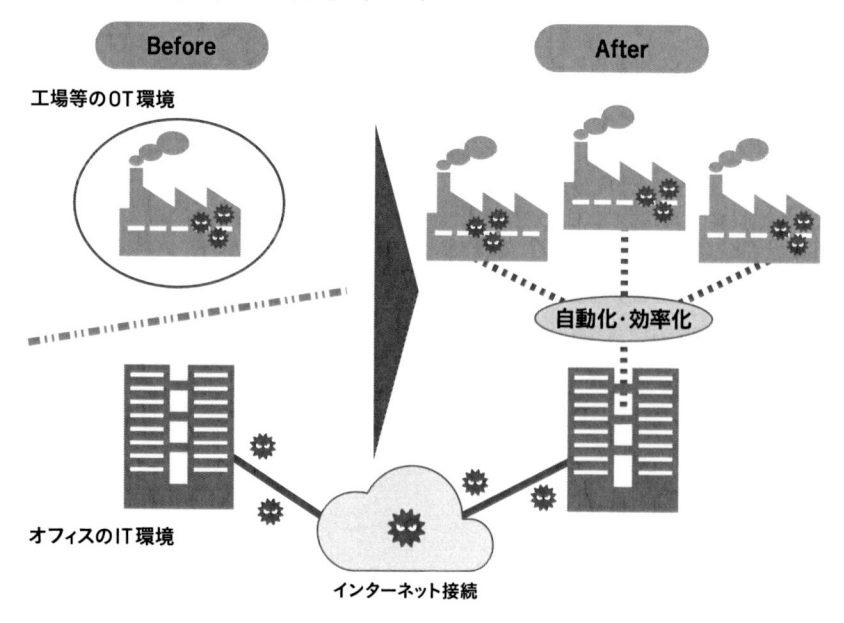

図1-3

脆弱性の放置が業務停止を引き起こすリスク

Before
After

工場等のOT環境

自動化・効率化

オフィスのIT環境

インターネット接続

ケースも珍しくない。OT環境における最大の関心事は可用性、つまり継続して動き続けることであり、システムの停止や再起動を伴うパッチ適用は避けられてきたこともその背景にある。

　しかしデジタルトランスフォーメーションの推進に伴い、前述したようにIT環境とOT環境は融合しつつある（図1-3）。このため、仮にIT環境で使われているコンピュータがマルウェアに感染すれば、ネットワークを通じてOT環境に侵入することも十分に考えられる状況になったといえる。そのリスクを如実に示したのがWannaCryであり、脆弱性が放置されたOT環境のコンピュータがマルウェアに感染したことで、工場の操業ができなくなるという事態が発生したのだ。

　WannaCryの感染に利用された脆弱性は古いファイル共有プロトコルに起

図1-4

WannaCryから見えたセキュリティ管理体制の課題

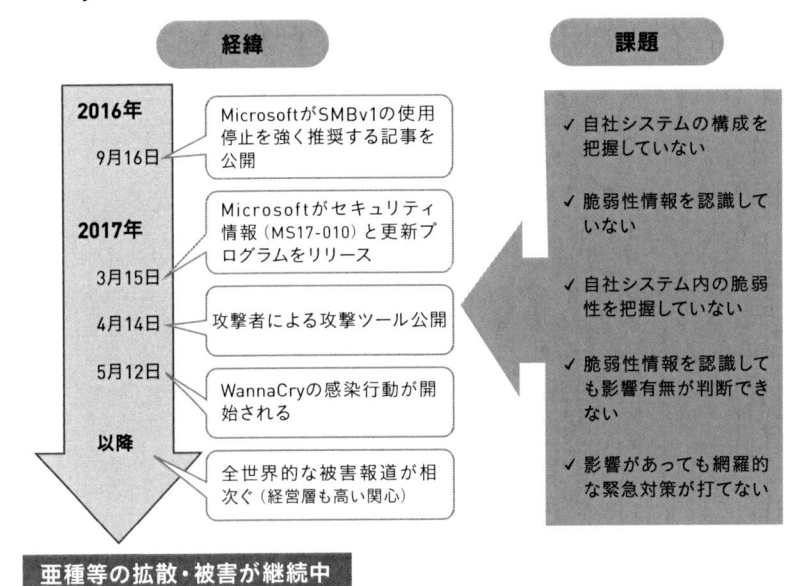

因するものであり、2016年9月16日にはマイクロソフトがそのプロトコル
の使用停止を強く推奨する記事を公開していた。そして2017年3月15日に
はマイクロソフトがセキュリティ情報（MS17-010）とともに更新プログラム
をリリースしている。それから1ヵ月後の4月14日、この脆弱性を利用して
攻撃を行うためのツールが公開された。そのツールを使って開発されたのが
WannaCryであり、5月12日以降に感染行動を開始、最終的に全世界的に被
害が発生したという流れである（図1-4）。

　このような経緯を踏まえて課題を指摘すると、自社システムの構成を把握
していないこと、世の中で日々公表される脆弱性情報を意識していないこ
と、そして公表された脆弱性が自社システムに存在するか否かを認識してい
ないことなどが挙げられる。また脆弱性の有無を認識したとしても、その影

響が判断できなければ適切に対処することもできない。さらにマルウェア感染時には迅速な対処が求められるが、自社システムの構成すら把握できていない状況では網羅的な緊急対策を講じることは難しい。WannaCryの大規模感染に至った背景には、こうした対策の不備もあると考えられる。

1.4 ICTの普及や利便性向上の影に潜む標的型攻撃の危険性

標的型攻撃も大きなリスク材料となっている。これは特定の企業・団体を狙って攻撃を仕掛け、機密情報の窃取などを狙う攻撃であり、既に日本でも多くの企業が被害を受けている。さらに昨今では、その企業に在籍している特定の人を狙って攻撃を仕掛けるなど、高度な攻撃手法が用いられるようになっているのだ。

FacebookやTwitter、あるいはInstagramといったサービスが広まったことで、個人の情報があらゆる形でインターネット上に公開されている昨今、ソーシャルメディアを通して所属している企業や部門が分かることが多く、また投稿している内容から普段の業務や生活が垣間見えることも多い。さらにダークウェブと呼ばれる、アンダーグラウンドのWebサイトでは、大量の個人情報を売買するブラックマーケットもある。これらの情報を分析することにより、個人をターゲットとした高精度な攻撃を行うことが可能になっている（図1-5）。

また過去に漏洩した内容から、攻撃対象者がよく使うIDやパスワードを推察できることも多い。例えば情報漏洩した複数のサービスで同じパスワードを使っていることが分かれば、別のサービスのパスワードも同じなのではないかと推察できるだろう。そのパスワードを使い、業務で利用しているクラウドサービスにアクセスすることができれば、様々な機密情報を盗み出すことも可能になる。

昨今の事例でインパクトがあったのは、大手A社を狙ったビジネスメール詐欺だ。ビジネスメール詐欺とは、取引先や自社の経営者などになりすまし

図 1-5

ネット上の情報を利活用する標的型攻撃

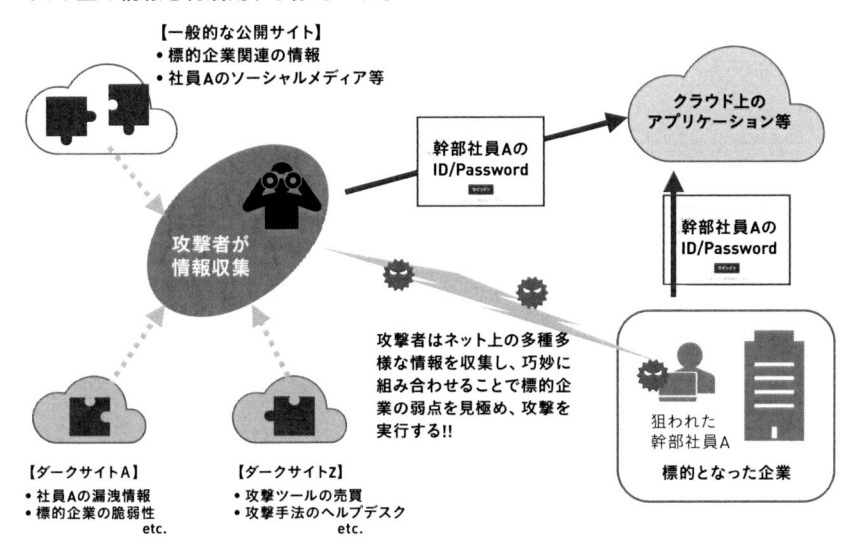

てメールを送信し、送金取引にかかる資金を詐取する手法であり、世界中で大きな被害が発生している。このA社では、2017年9月25日に詐欺目的のメールを受け取っており、それは直前に正規に取引先から受け取っていた請求メールに対する「訂正」として、振込先の変更を依頼するメールであった。被害を受けた従業員は料金支払い遅延による業務影響を危惧し、変更された振込先に対して約3億円の決済を行った。その後、正規の取引先より料金未払いの指摘があり、振込先の変更を依頼するメールは詐欺であったことが発覚した（図1-6）。

　この事例のポイントは、正規の請求メールの直後に振込先の変更を依頼するメールが送られてきた点である。ここから、被害を受けた従業員の送受信するメールが盗み見られていたことが容易に想像できる。被害者のパソコンをマルウェアで乗っ取る、あるいはメールの送受信に利用していたクラウドサービスのアカウントを用いるなどしてメールの内容を盗み見ることで、正

図1-6

ビジネスメール詐欺の背景にある課題（事例参考）

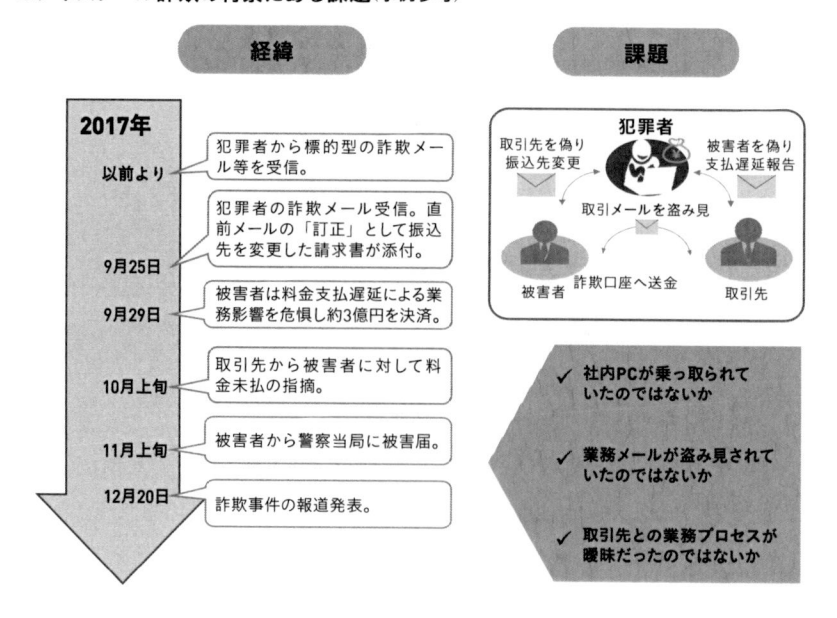

規の取引先からのメールが送られた直後に偽装した訂正のメールを送ったということが考えられるのだ。なお取引先との業務プロセスが曖昧であったことも被害拡大の理由として挙げられるが、こうした詐欺被害を防ぐためには、支払業務におけるプロセスの見直しや明確化も重要である。

1.5 サイバーリスク5つの分類と打ち手のバランス

　サイバーリスクには様々な事象が起こり得るが、大まかに分類すると「内部起因」と「外部起因」、「対策可能な既知のリスク」と「想定外／未知のリスク」にすべてに関わる説明責任を加えた5つに分けて考えることができる（図1-7）。「内部起因」で「対策可能な既知のリスク」としては、情報システ

図1-7

サイバーリスクの分類と顕在化の背景

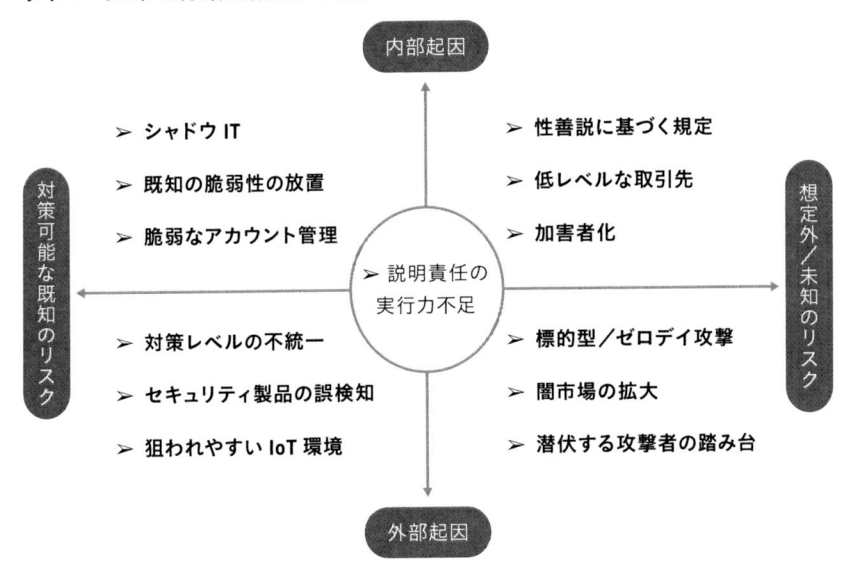

ム部門が管理していない機器やサービスを利用するシャドウITの存在や、既知の脆弱性の放置、さらには脆弱なアカウント管理などが挙げられる。

　「外部起因」で「対策可能な既知のリスク」としては、まず対策レベルの不統一がある。本社のセキュリティは強固であっても、支店や支社、あるいは取引先などにおいてセキュリティレベルが低いところがあれば、そこを狙われて内部への侵入を許してしまうといった事態につながるためだ。また、セキュリティ製品の誤検知もリスクとなる。セキュリティレベル向上のために様々なセキュリティ製品が導入されているが、通常の通信をサイバー攻撃であると誤認識してアラートを何度も通知するような状況では、管理者はその機器から出力されるアラートを無視するようになるだろう。この状態で本当のサイバー攻撃が発生すると、それに気づくことができない。さらに、インターネットに広く晒されており、現状でセキュリティ対策が不十分である

ことが多いIoT環境も外部に起因する既知のリスクと捉えられる。

次に、「外部起因」で「想定外／未知のリスク」としては、標的型攻撃やゼロデイ攻撃、闇市場の拡大、潜伏する攻撃者の踏み台などが挙げられる。標的型攻撃やゼロデイ攻撃はセキュリティ機器などで検知することが難しく、対策が難しい。さらに昨今では攻撃ツールや個人情報が取引されている闇市場、ダークウェブと呼ばれるものが存在し、サイバー攻撃の敷居が低くなっていることも脅威だ。攻撃手法も巧妙化しており、組織に潜入して即座にアクションを起こすのではなく、長時間潜伏してから行動するなど、防御側の裏をかく手口が使われることも珍しくない。そのため、侵入されていることを前提とした対策も求められる。

「内部起因」で「想定外／未知のリスク」として、特に指摘したいのは性善説に基づく規定類の存在である。多くの企業の規定は、基本的に社員・従業員への信頼に立脚して策定されている。このため内容によっては抜け穴があり、それを突いて社員や従業員が機密情報を盗み出すといったことにつながりかねない。例えば、データの管理が甘く、また規定も厳しくない点を利用して、退職する従業員が顧客情報などを持ち出し、転職先の競合企業に譲り渡すなどといった例だ。また、悪意ではなく過失によるセキュリティインシデントが発生した時に適用する規定が整っていないといった事例もある。その他、取引先のセキュリティレベルの低さも内部起因のリスクとなり、それによってセキュリティインシデントが発生すれば自社が加害者として扱われることになる。

この4つに加え、全体を取り巻くリスクとなるのが説明責任の実行力不足である。インシデントが発生した際、株主や取引先、顧客といったステークホルダーに対して適切に説明を行うことができなければ、さらなる信用失墜につながる恐れがある。こうしたことも視野に入れて、サイバーリスクを適切にマネジメントするための取り組みを進めなければならない。

米国政府ではサイバーリスクマネジメントに適切に対処するため、国立標準技術研究所（NIST：National Institute of Standards and Technology）が定めたSP800シリーズをガイドラインとして活用している。例えば「SP800-53」や

図1-8

サイバーリスクに関するNISTのガイドライン

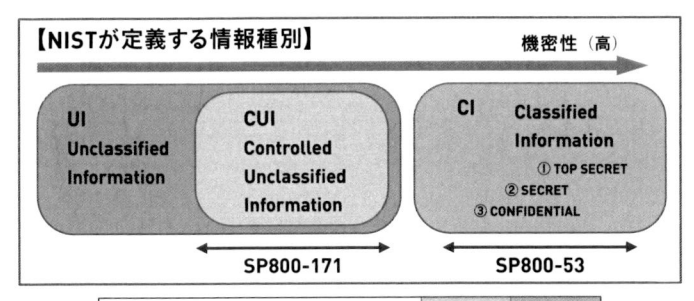

要件（ファミリ）		SP800 -171	SP800 -53
技術的要件	アクセス制御	22	23
	構成管理	9	11
	識別および認証	11	11
	保守	6	6
	物理的および環境的な保護	6	19
	システム保護および通信の保護	16	41
	システムおよび情報の完全性	7	16
	システムおよびサービスの調達	-	20
	プログラム管理	-	16
	小計	**77**	**163**
非技術的要件	メディアの保護	9	8
	インシデント対応	3	10
	監査および責任追跡性	9	16
	人的セキュリティ	2	8
	リスク評価	3	5
	意識高揚およびトレーニング	3	4
	評価（運用認可）	4	8
	計画作成	-	6
	緊急時対応計画	-	12
	小計	**33**	**77**
合計		**110**	**240**

図1-9

SP800-53および171の要件が定義する対策要件の分布

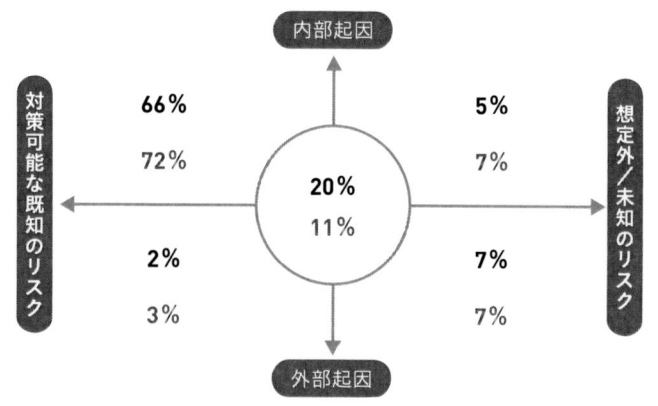

上段：NIST SP800-53が定義するCIセキュリティ要件（18ファミリ240件）の分布状況
下段：NIST SP800-171が定義するCUIセキュリティ要件（14ファミリ110件）の分布状況

「SP800-171」と呼ばれるものだ。NISTが定義する情報種別には機密性に応じて Unclassified Information（UI、非格付け情報）、Controlled Unclassified Information （CUI、管理された非格付け情報）、Classified Information（CI、格付け情報）があり、 SP800-53は格付け情報を扱う連邦政府情報システムおよび連邦組織のため のセキュリティ管理策とプライバシー管理策を規定したもの。またSP800- 171は連邦政府外のシステムと組織における、管理された非格付け情報の保 護のためのガイドラインとなっている。

　同様のガイドラインとして、日本で広まっているものに情報セキュリティ マネジメントシステム（ISMS：Information Security Management System）があり、 これはISO 27001およびJIS Q 27001として規定されている。このISMSはや や概念的で管理重視のガイドラインであるが、SP800-53およびSP800-171 はどちらかというと対策重視であり、実際にどのように対策を実装するのか について具体的な要件を示しているといった違いがある。

　SP800-53／SP800-171の要件は技術的要件と非技術的要件に分かれてお

り、SP800-171は110件、SP800-53は240件もの要件が定められている。SP800-53で対象とする格付け情報は極めて機密性が高いことから、要件の数も非常に多いわけだ。

　これらの要件を前述した4象限に分類すると、実は内部起因の対策可能な既知のリスクに集中しておりSP800-53では66％、SP800-171でも72％を占めている。また、それに続くのが全体の管理で、SP800-53では20％、SP800-171でも11％の要件がこれに当てはまる。

　サイバーセキュリティは難しい、どこまでやるべきか、何から手をつければいいのか判断できないと言われることが多いが、それは誤解であることが分かるだろう。対策効果が高く危険性を自ら制御できる「内部起因で起こる既知のリスク」への対応、そして説明責任を果たすための体制整備に取り組めば、それだけでNISTが定める対策要件の80％以上をクリアできるからである。

1.6　レジリエンス強化を主軸とした5つの注力ポイント

　リアル空間で後を絶たない交通事故と同様に、サイバー空間においても100％のセキュリティを実現することは難しい。なぜなら、攻撃者と被害者の関わりや、"ミスする動物"である人間の脆弱性をゼロにすることはできないからである。よってサイバーリスクの対策は事故発生が前提となり、その事故が起きた際の迅速かつ的確な事業復旧力（レジリエンス）が最重要課題となる。そこで、4象限と全体の5つに分類したリスクを踏まえ、事故発生後のレジリエンス強化のために注力すべきポイントを見ていこう。

　第1に全体的な視点として、持続的な改善活動を支えるリスクマネジメント体制の整備がある。従来のサイバーセキュリティはIT運用管理の一環でネットワークの境界にファイアウォールを設置して不正な通信を遮断したり、ウイルス対策ソフトでウイルスの侵入を防いだりするように、脅威に対して受動的かつ技術的な制御による対策に目が向きがちだった。しかしリス

クマネジメントは経営管理の一環であり、平常時から予防や抑制のための対応が重要なポイントになる。そのため、セキュリティ事故につながる危険性を想定し、その事故が発生しないように対策を講じることと、仮に発生しても業務影響を最小化する体制化が要求されることを認識しなければならない。

第2に「内部起因」の「対策可能な既知のリスク」への対応として、ICTシステムやその利用者並びに利用環境などの現状を把握し、その中で想定される危険性を洗い出して影響の大きさや対策の優先順位を評価し、対処していく。

第3に「外部起因」の「対策可能な既知のリスク」への対応として、日々巧妙化して防御技術をすり抜けようとする様々な攻撃に対抗するため、適材適所でかつマルチベンダーの製品技術を配置する多層防御の考え方を採り入れること、そして多層的に配置された防御策の検査結果（イベント検知ログ）を的確に統合管理することで脅威検知の精度向上を目指すのが重要である。

第4に「外部起因」の「想定外／未知のリスク」への対応についてである。標的型攻撃やゼロデイ攻撃等は攻撃者が市販技術を調査／研究したうえで個別の攻撃手法を展開するため多層防御だけでは対抗できない。よって、最新ニュースなどを把握し今起きているタイムリーな脅威情報を組織的に共有したうえで、その脅威による侵害を監視強化し、万が一に備えた行動計画と実行体制を準備することが被害の範囲を最小化する鍵となる。

そして第5に「内部起因」の「想定外／未知のリスク」への対応である。取引先や自社従業員のうっかりミスやコンプライアンス違反が、情報漏洩事故やシステム停止を引き起こす重大インシデントにつながること、さらには悪質な確信犯など内部不正についても想定しなければならない。これには業務に関わる従業員一人ひとりに対して性悪説や性弱説（人はミスをするという考え方）に基づく教育（ルール化や企業理念の醸成等）とその定量的な可視化、および評価を行うための仕組み作りが必要になる。

このように、企業または国家としてSociety 5.0を推進しグローバル環境で

図1-10

事故後の事業復旧力強化に向けた5つのポイント

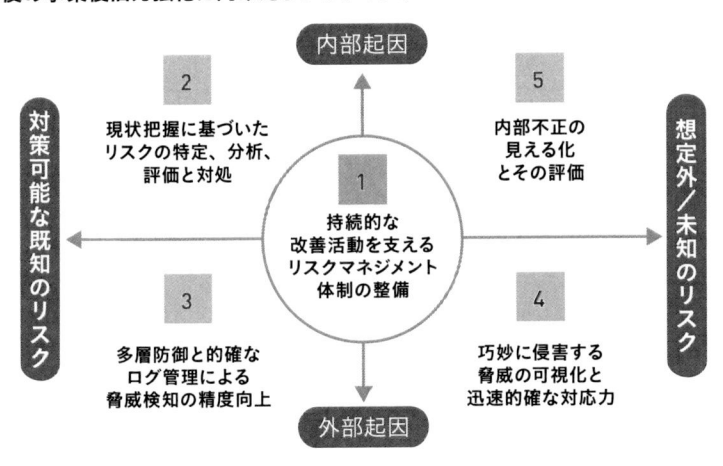

のビジネス競争力を高めるためには、サイバーリスクへの対応策を俯瞰的に展開し、デジタルトランスフォーメーションの光と影を上手くコントロールすることが健全な経営や事業成長の要諦である。

第2章 ゼロトラスト時代の情報セキュリティガバナンス

　2005年3月に発表された経済産業省の「企業における情報セキュリティガバナンスのあり方に関する研究会報告書」では、情報セキュリティガバナンスを「社会的責任にも配慮したコーポレート・ガバナンスと、それを支えるメカニズムである内部統制の仕組みを、情報セキュリティの観点から企業内に構築・運用する仕組み」の構築と定義している。日々悪質化し続けるサイバー空間の脅威は、企業の存続を脅かすほどの経営インパクトを与えるとともに、1つの会社のセキュリティ事故が社会全体に悪影響を及ぼす可能性も高まっている。こうした中で、従来のサイバーセキュリティ対策は、自社のITシステムや情報資産を守るIT部門の取り組みが中心だったが、今後は経営を守る観点で経営者および経営管理部門が、事業継続性や社会的責任を考慮したリスクマネジメントの一環として統制することが求められる。

　一方、サイバーセキュリティを取り巻く環境は、攻撃者が抱く動機の多様化や攻撃手法の巧妙化といった外的要因、およびデジタルトランスフォーメーションの進展や働き方改革といった内的要因の両面から、流動的に日々変化し、かつこれまでよりオープンな利用環境に移行しているため、リスクは益々高まる傾向にある。このようなことから今後のICT環境は、イントラネットとインターネットというように内外に区別するのではなく、安全な領域や環境は存在しない「ゼロトラスト時代」に様変わりしていくと言われる。従来型の企業ICT環境は、守るべき情報資産が境界内部にあり、アクセスは境界内部の認識された端末のみを制限することで、境界外部の脅威を内部に侵入させないというネットワーク内外の境界防御を重視していた。こ

の境界防御ソリューションは、言い換えるとICT環境の内部のイントラネットを信頼することが前提になっている。こうした企業の現場において、ゼロトラスト時代を認識し、セキュリティ事故が起こることを前提とした情報セキュリティガバナンスを推進するためには、経営者がリーダーシップを発揮するとともに、従業員一人ひとりのサイバーリスクに対する"考動力"を高めて、事故を未然に防ぎ、かつ事故後の復旧力強化をベースにした情報セキュリティガバナンスの体制化が必要になるだろう。

2.1　過去の事例が示すサイバーリスクの経営インパクト

　機密情報や顧客の個人情報が漏洩するリスクは極めて大きい。Ponemon Instituteの調査によれば、2017年に発生した15ヵ国、477件の情報漏洩において、信用回復や法的対処などの事後対応、報告や謝罪対応、技術的な対応などの費用として、10万人規模の情報漏洩で総額約4.3億円の支出が生じているという。そのうち大きな割合を占めているのが信用回復などにかかるコストで、全体のおよそ40%に達している。これを国別に見てみるとデジタル競争力の高い米国は同規模の事故でもその影響は総額で8億円弱となっており、信用回復だけでも約4億円でほぼ50%を占めている（図2-1左サイド）。このことからも分かるように、今後、日本が取り組もうとしているデジタルトランスフォーメーションは効果を発揮すればするほど、その事業に関わるリスクが大きくなることを認識しておかなければならない。

　また、サイバーセキュリティのインシデントは株価にも大きな影響を及ぼすことが分かってきた。一般社団法人日本サイバーセキュリティ・イノベーション協議会が日本国内の情報漏洩事故を調査したところ、情報漏洩が発覚すると50日後に株価が平均10%減少していることが分かった。また前年度比で純利益が平均21%減少していることも、情報漏洩がもたらす経営への影響の大きさを明示している（図2-1右サイド）。

　一方、情報漏洩の原因は約7割が従業員の過失であることも見えてきた。

図2-1

情報漏洩事故の実態と加害者化のリスク

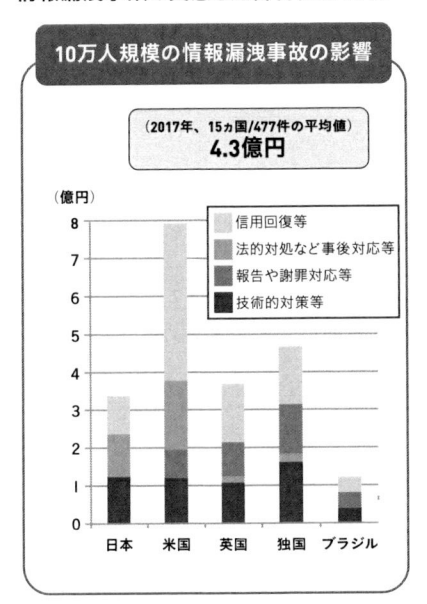

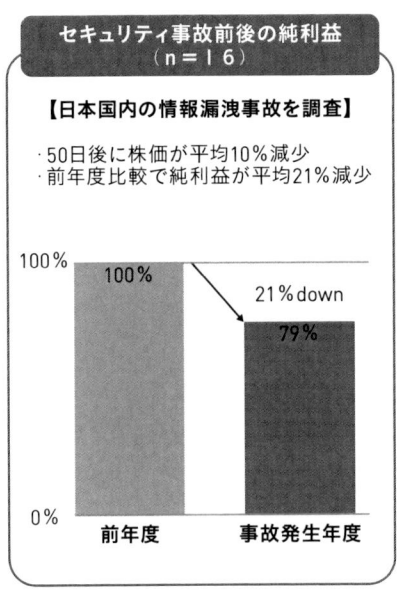

出典：2018年7月　Ponemon Institute「The 2018 Cost of Data Breach Study: Global Overviiew」

出典：一般社団法人日本サイバーセキュリティ・イノベーション委員会（JCIC）

2018年4月から7月の4ヵ月間の情報漏洩に関する173件の記事を分析した結果、約7割はパソコンやUSBメモリーの紛失、メール誤送信、システム等の設定ミスなど従業員のミスやコンプライアンス違反によるものであった。従業員の業務上の過失や違反、および不正は、企業も加害者としての責任が求められる可能性は高いことから、内部統制上の重大な課題として認識すべきだろう。

　こうした中で2018年に話題となったのが、世界的なSNSサービス会社で起きた一連の騒動である。情報漏洩の危険性が疑われる報道によって企業としての信用失墜を招き、その株価が乱高下した事件である。2018年3月に5000万人分の個人情報流出の恐れがあるとの報道があり、株価は大きく値

下がりした。その後いったんは上昇に転じたが、その後も情報漏洩にまつわる報道の影響から低迷を続け、同年12月のスマートフォン内部の写真データが流出した恐れがあるとの報道により、さらに株価は下落した。いずれも情報漏洩が確定したわけではないが、そうした疑いをもたれるだけでもこのような事態に陥ることが分かる。

さらに2019年には、情報漏洩事故に遭遇した企業の信用格付け見通しが「安定的（stable）」から「否定的（negative）」に変更される報道があった。この事故は2017年に米国の大手信用調査会社で発生したもので、個人情報など1億4790万件の情報漏洩があったとされている。当該企業は、事故後の信用回復に関する取り組みを精力的に実行したが、技術的対策や再発防止策、および訴訟対応等に関わるコストが当初想定の見積もりを大幅に上回ったことなど今後の不確実性が明らかになり、米国の信用格付け会社であるムーディーズが否定的な評価を公表したもの。ムーディーズの広報担当者は「見通しの変化の要因としてサイバーリスクが挙げられたのは今回が初めてだ」と言及しており、サイバーリスクが企業の信用格付けに悪影響を及ぼすことを知らしめる重要なケースとして注視すべきである。このようにサイバーセキュリティの事故による影響は直接、間接さまざまな形で企業価値に影響を与える事態になっており、サイバーリスクは経営リスクの一つとして認識しなければならないことを明示した事例だといえる。

2.2 サプライチェーンを含むグループ経営全体の統制

サイバーリスクを適切にマネジメントしていくために、今後は自社のみならずサプライチェーンまで含めたゼロトラスト時代への配慮が求められている。

サプライチェーンがらみの情報漏洩事故として印象的だったのは、2013年に発生したアメリカで広く量販店を展開するＡ社に関するものだ（図2-2）。Ａ社は設備管理業務をＢ社にアウトソーシングしていたが、そのＢ社のシス

図2-2

請負業者を踏み台にした情報漏洩事件の課題

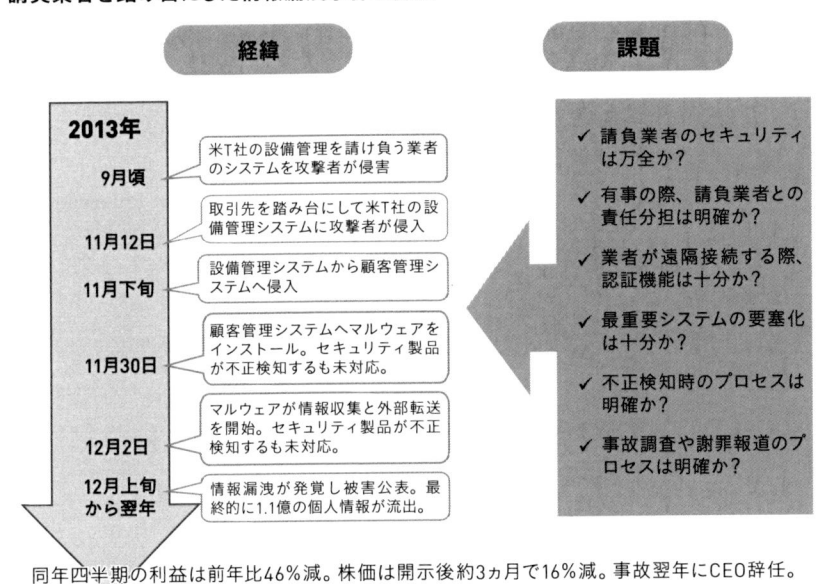

経緯

2013年

9月頃 — 米T社の設備管理を請け負う業者のシステムを攻撃者が侵害

11月12日 — 取引先を踏み台にして米T社の設備管理システムに攻撃者が侵入

11月下旬 — 設備管理システムから顧客管理システムへ侵入

11月30日 — 顧客管理システムへマルウェアをインストール。セキュリティ製品が不正検知するも未対応。

12月2日 — マルウェアが情報収集と外部転送を開始。セキュリティ製品が不正検知するも未対応。

12月上旬から翌年 — 情報漏洩が発覚し被害公表。最終的に1.1億の個人情報が流出。

課題

✓ 請負業者のセキュリティは万全か?

✓ 有事の際、請負業者との責任分担は明確か?

✓ 業者が遠隔接続する際、認証機能は十分か?

✓ 最重要システムの要塞化は十分か?

✓ 不正検知時のプロセスは明確か?

✓ 事故調査や謝罪報道のプロセスは明確か?

同年四半期の利益は前年比46%減。株価は開示後約3ヵ月で16%減。事故翌年にCEO辞任。

テムがサイバー攻撃によって侵害された。B社はA社の設備を遠隔地から運用管理するリモートアクセス環境をもっていた。攻撃者はB社の内部ネットワークに侵入し、価値あるものを探索する中でA社へのリモートアクセス環境に到達したのだろう。カード社会であるアメリカの量販店にはPCI-DSS（Payment Card Industry Data Security Standard）というクレジットカード会員の情報を保護するために定められた、クレジットカード業界の情報セキュリティ基準がある。当然、A社もその認証を得ていたという。しかし、A社は信用していたB社を踏み台にされて社内システムへの侵入を許してしまったのだ。さらに、巧妙な攻撃者はA社のシステム内を探索し、いくつものセキュリティ対策を突破して、A社にとって最重要といえる顧客管理システムに到達し、攻撃者優位のシステム環境を準備した。そして最終的に、攻撃者は顧客管理システムにマルウェアをインストールし、情報収集と外部転送の仕組

みを整え、A社の膨大な顧客情報の持ち出しに成功したのである。

　この事故によってA社は極めて大きな損害を被った。利益は前年四半期との比較で46%減少し、株価も大幅に低迷することになった。さらに多くの訴訟を起こされた上、事故が発生した翌年にはCEOが辞任する事態に至っている。

　前述のとおりA社は、カード社会における様々なリスクを踏まえ、クレジットカード情報を扱うために要求されるセキュリティ対策を実装していたはずである。にも拘らず、セキュリティの抜け穴がB社にあったことで、大規模な情報漏洩につながってしまったのである。なお、この事件の契機となったのはB社のシステムが侵害されたことであるが、B社からA社のシステムへリモートアクセスする際の認証機能が強化されていれば情報漏洩を防げた可能性がある。また侵害された後にA社が、量販店（小売業）にとって最重要といえる顧客管理システムへの侵害を許したことは、その保護が適切ではなかったという疑念を抱かざるを得ない。

　このようなことから今後のデジタルトランスフォーメーションの展開を見据えて、情報セキュリティガバナンスの統制範囲をサプライチェーン全体まで拡大する動きが国内外で顕著になっている。経済産業省が公開しているサイバーセキュリティ経営ガイドラインでは、2017年11月の改訂版（Ver. 2.0）の「指示9　ビジネスパートナーや委託先等を含めたサプライチェーン全体の対策及び状況把握」において、サプライチェーンの対策強化に関する記載を追記している。また2017年12月にアメリカ国立標準技術研究所（NIST）が公表したCybersecurity FrameworkのVer.1.1_Draft2では、サプライチェーンのリスク管理の重要性を強調し明文化している。

　こうした国家的なガイドラインの改訂によって、昨今では一定のセキュリティ対策が講じられていなければ取引しないというルールを定める企業が増加しており、場合によってはセキュリティ対策の不備を理由に取引を断られるといった事態も起こりかねない。しかしながら逆に捉えれば、適切にセキュリティ対策を講じ、それを内外に明示する体制を整えておけば、それがビジネスにおける強みになり得るわけだ。これを踏まえると、セキュリティ

図2-3

持続的な改善活動を支えるリスクマネジメント体制の整備

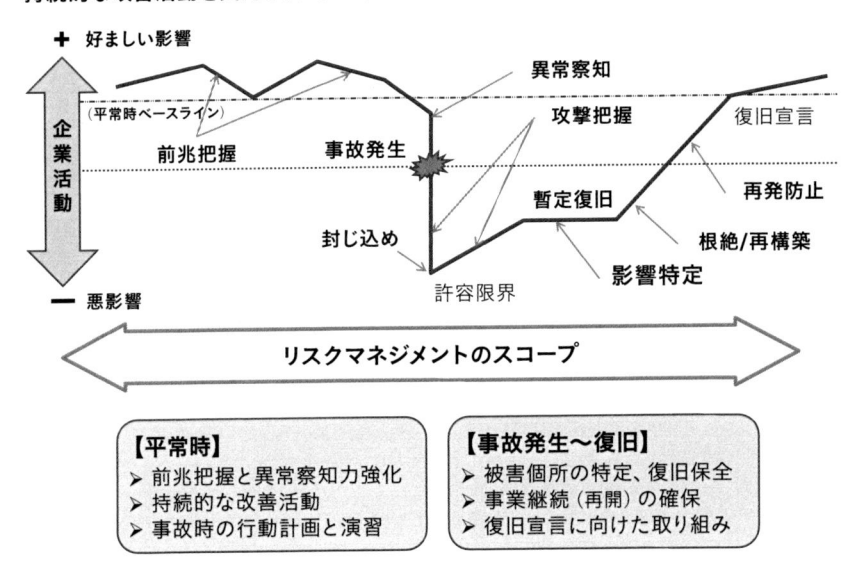

対策は企業価値を高め、ビジネス機会を創出するための建設的な取り組みとして、経営者がリーダーシップを発揮すべき義務事項になってきていることが分かるだろう。

2.3 経営レベルと現場レベルにおける改善サイクルの確立

　ここまで述べてきたように、セキュリティ事故が発生した際、企業が受けるダメージは極めて大きい。これを最小化するために必要となるのが情報セキュリティガバナンスであり、その営みは、サイバー空間において内的または外的に起因する危険性に対して適切な統制を実施し、それを評価・検証して改善する機能やプロセスを確立することである。そしてこの改善活動を

コーポレートガバナンスのサブシステムとして持続可能な事業活動にしていくためには、経営レベルと現場レベルが一体となったリスクマネジメント体制の整備が必要不可欠になる。このリスクマネジメント体制のスコープは、事故が発生した直前直後だけではなく、平常時の活動から事故後の対応や再発防止、および復旧宣言を経て再び平常時に至るまでの連続的なすべての工程が対象になる。さらに、この工程は平常時から事故発生までと、事故発生から復旧宣言に至るまでの2つに分けて考えることができる（図2-3）。

　平常時の取り組みでは、サイバーリスクに対する予防と抑制が重要になる。平常時の状況を把握しベースラインを見極めて、それを基に発生し得る危険性を定義し、その影響を観察することで不具合の前兆を検知する。そして、事前対策を講じることにより事故発生を抑制または回避していく。さらに、ベースラインの適正化や観察方法の改善および悪影響が業務に影響する許容限界の基準値などを設定する活動もここに含まれるだろう。

　続いて、事故発生後から復旧宣言までの工程は危機管理対応となる。現在起きている事態に対して緊急事態を宣言し、その事象を調査して問題箇所を特定するとともに、事業継続に関わる許容限界を迎える前に封じ込める。そして、影響範囲の拡大を食い止めると同時にその発生原因を分析することで、再発防止や復旧に向けたプロセスを計画し迅速かつ的確に実行していく。こうした活動の中で、第一に目指すのは業務が継続できる、あるいは顧客に対してサービスを提供できるレベルの暫定的な事業復旧である。その後、速やかにインシデントが発生した原因の詳細や影響範囲を具体的に把握し、本件の再発防止や今後発生し得る同事象を予防するための対応策を具現化したうえで、利害関係者などへの対外的な復旧宣言を行うことによって平常時に戻すのが最終的なゴールとなる。

　念のために付け加えるが、復旧宣言直後の同事象の再発は、利害関係者の信用失墜を招く大きな要素なので最も注意したい点であるが、慎重になるあまり利害関係者への情報開示が遅くなることも信用失墜につながるため、平常時からの「備えあれば患いなし」という諺を肝に銘じておきたい。

　では、この「備えあれば憂いなし」についてサイバーリスクマネジメント

のケースに置き換えて解説してみよう。まず、ITシステムの運用状況を把握するベースラインには、多種多様な指標が存在する。例えば、通信トラフィックの量やサーバーリソースの負荷状態などといったシステム共通の指標、アプリケーションの利用状況などのシステム固有の指標、その他にセキュリティ機器が発信するイベントログなども指標になる。これらの指標を組み合わせることでベースラインを確定し、そこから逸脱する動作を察知して危険性の前兆を捉え、悪影響が生じる前に補正する。また、その症状が頻繁に発生するようであればその原因を究明し改善する。その原因が業務量増加等に伴うものであればベースラインの見直しを行うこともあるだろう。いずれにしても、この状況把握をタイムリーに実施していかなければならない。

　また、実際に事故が起きることを想定し、緊急事態の発動契機となる具体的な事象や、その際に執るべき行動計画を定義しておくことも大切な営みである。例えば、社内のパソコンが1台ウイルス感染した時の対処と、同時に複数台がウイルス感染した時の対処は異なる。同時に複数台がウイルス感染している場合、社内ネットワークにウイルスが侵入し、攻撃が成功してネットワーク内にウイルスが蔓延している可能性が高い。また、既にインターネット上の攻撃者から社内ネットワークへのバックドアが開いている可能性もあるため、当該拠点のネットワークを切り離して封じ込め、他拠点への影響拡大やインターネットに潜む攻撃者への情報漏洩など、被害範囲を最小化しなければならない。しかしながら、これにより当該拠点では、お客様や取引先とのメール連絡がとれなくなるといった問題や、業務システムが孤立して結果的に業務停止状態になることも想定できるため、実際にはその現場でネットワークを切り離すなどの迅速かつ的確な判断を下すのは極めて困難な状況になる。

　したがって、平常時から現場環境やシステムの特徴、業務内容や利用者状況なども加味して、"どういう事象の時には何をどう実行するか"といった「事象と行動の定義」を経営判断によって策定し、情報セキュリティガバナンスの一環として全体周知のうえ現場に浸透させておく必要がある。この定

義によって、事故に直面している従業員の経験・ノウハウやスキルセットに拘らず、誰がやっても迅速かつ的確な初動対応を遂行することができるようになる。とにかく、初動を誤ると危機的影響や利害関係者の反感が拡大するばかりか、その後の対処が後手に回り収拾がつかなくなるケースが多いため、細心の注意を払いたいポイントである。

　サイバーリスクマネジメントの取り組みにおいて、事業への悪影響を未然に防ぐとともに、事故発生時の影響を最小化することを重点として考えた場合、これまでにはあまり注視されてこなかった平常時の活動に、より焦点をあてるべきである。平常時からベースラインの状況を適切に監視し、いち早く異常を察知する体制を整え、事故発生を前提とした事象と行動を定義するとともに、従業員教育や演習によって組織的な対策実行力を高める。そして、環境変化に応じて「プロセス」「人・組織」「技術」のそれぞれの面でレベルアップを図るためには、継続的な活動基盤となる改善サイクルを確立することが重要なのである。

　改善サイクルは、経営レベルと現場レベルに分けて確立し連動させると効果的である。経営レベルの改善サイクルを考えるうえで参考になるのが、2009年6月に経済産業省が発表した「情報セキュリティガバナンス導入ガイダンス」である。この文書は、経営レベルと現場レベルの間でサイバーリスクに関する共通認識が乏しく、全体最適化されたマネジメント体制の構築や運用がなされないという問題への対処指針として、経営陣が取り組むべき行動の指針等を示したものだが、その中で記された情報セキュリティガバナンスのフレームワークは、経営レベルの改善サイクルを検討するうえで参照モデルとして活用できる。

　この文書によると、経営レベルの改善サイクルの確立は、グループ全体の経営戦略やリスク管理の観点から行う「方向付け（Direct）」、ガバナンス活動の状況を指標に基づき可視化する「モニタリング（Monitor）」や、結果を判断する「評価（Evaluate）」、これらのプロセスが機能していることを確認する「監督（Oversee）」、結果を利害関係者等に提示する「報告（Report）」の5つの活動から構成されるという。この5つの活動は、「方向付け」「モニタリング」

図2-4

持続的な改善活動を支えるリスクマネジメント体制の整備
グループ全体の改善サイクル

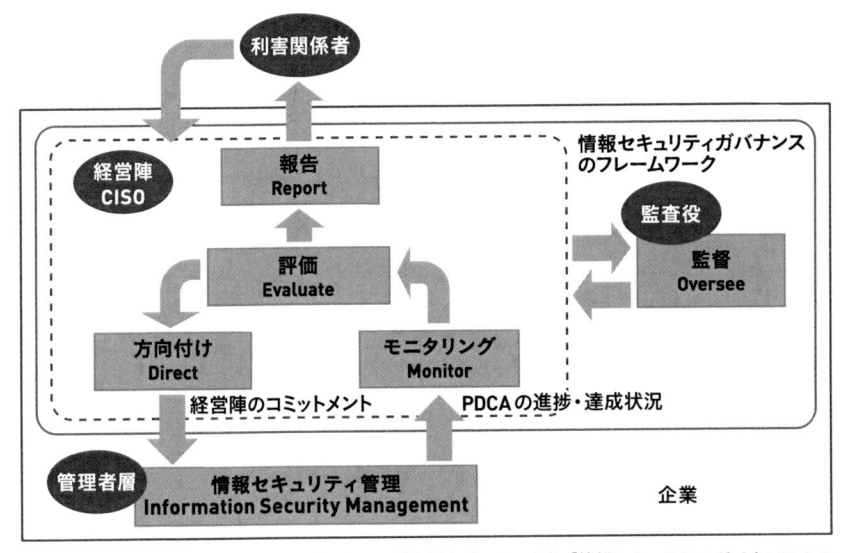

出典：経済産業省「情報セキュリティガバナンス導入ガイダンス」より「情報セキュリティガバナンスのフレームワーク」（2009年6月）

「評価」の基本サイクルと、その基本サイクルを確認する「監査」、およびその状況等を利害関係者に説明する「報告」といった関連性で相互連携している（図2-4）。

　基本サイクルの軸となる「方向付け」は、経営陣が企業価値の向上と社会的責任の遂行のために、適法性・適正性に配慮したうえで、経営戦略やそれに基づくリスクマネジメントの方針を提示する。この方針は、サイバーリスクに関わる経営上の説明責任を果たすCISO（Chief Information Security Officer）、もしくはそれに近い立場から、様々な経営リスクを横断的に捉え、情報セキュリティ分野のリスクを解釈し、安心安全なサイバー空間づくりの実現に必要な体制（権限や責任）および経営資源の提供を推進することを目的とし、サイバーリスクマネジメント体制の達成すべき最終の状態に向けて、その度

合いを計測する指標値として位置づけられる。

　基本サイクルの「モニタリング」は、グループ全体のシステム管理部門やシステム利用者など各現場レベルにおいて、経営陣の方向付けに基づくPDCA（Plan-Do-Check-Act）が適切に実行されていることを客観的に理解、または評価できる情報として収集する活動である。この活動によりCISOは経営陣に対して、サイバーリスクに関するグループ全体の投資効果や対応策の達成度を把握するために必要な情報を提示する。経営陣は方向付けの前提となる経営環境（市場、法制度、経営資源、競合環境、技術等）の変化をモニタリングするとともに、CISOから投資効果の指標やその達成度評価の報告を受けることになる。

　基本サイクルの「評価」は、モニタリング状況を基に方向付けで定めた目的や目標の達成度合いを測る活動である。CISOは、現場レベルの情報セキュリティに関わるPDCAが的確に実施されたか、体制や経営資源は適切であったか、情報セキュリティ事故は減少したか、法令違反などは起きていないかなどを評価する。また、経営陣はその達成度合いを認識する中で、方向付けで提示したリスクマネジメント方針に現実性が乏しく達成困難である、あるいは経営環境の変化によって新たなリスクが顕在化している場合、必要に応じて現行方針の最適化検討を実施することになる。このように、「方向付け」「モニタリング」「評価」の継続的な運営によって可視化された目標未達や不備等に対して、その原因を分析するとともに、必要に応じてリスクマネジメント方針を見直すことが、経営レベルの基本的な改善サイクルとなる。

　さらに、この基本的な改善サイクルを支える「監督」と「報告」のプロセスは、経営陣がリスク管理の責任者として、株主、取引先や顧客、従業員、または社会全体を含めた利害関係者に対し、情報セキュリティに関わるリスクマネジメントの状況を正確に開示する活動である。経営陣はこの活動を通じて、企業経営に関する透明性や健全性といった社会的責任を果たすことができる。一方、利害関係者は、当該企業の価値を適正に評価し、取引先や投資先の選定を行うための情報を得ることができる。一説によると、セキュリ

ティ事故に巻き込まれた企業に対して利害関係者は「不安感」を抱くことになるが、適切な情報開示がされないと、その「不安感」が「不信感」に変化し社会的評価が急降下するばかりか、元の関係に戻すことが困難になると言われている。よって、「監督」と「報告」によって定期的に情報開示を遂行することは、平常時から利害関係者との信頼関係を強化する手段としても有効策といえるだろう。

　一方、現場レベルでは、経営陣からの「方向付け」に基づいて、システム単位で情報セキュリティのPDCAが実践される。この対象はグループ経営全体に関わる組織となるため、本社直轄の事業会社から海外拠点の小さな営業所、さらに工場や取引先など、様々な業務形態、地域性や文化をもった環境になる。そして、その環境における情報セキュリティ担当者のサイバーリスクに対する考え方やスキルセットも異なるため、一意となる「方向付け」があってもそれぞれが解読し具現化する対応策の内容には、必然的に多少の差異が生じる。その結果、グループ内のセキュリティレベルが不統一な状況になり、弱点が浮き彫りになってしまうケースが少なくない。

　企業に対する標的型攻撃の目的の1つは、当該企業の中にある宝物（顧客情報や機密情報など）を窃取することだが、当然、その宝物は本社直轄のデータセンターで、かつセキュリティ対策の厳重な場所に保管されている。攻撃者は宝物の場所を概ね想定しているだろうが、本社直轄のデータセンターを直接狙うことはしない。セキュリティ対策が厳重な場所を狙うためには攻撃自体に多大なコストを要するし、成功する可能性が低いからである。そこで、攻撃者は当該グループ本社などのホームページを参照し、グループ企業の情報や業務提携している取引先の情報などを収集・分析する。そして、グループ内におけるセキュリティ対策レベルの低いところに狙いを絞り、できるだけコストをかけずに攻撃を仕掛けて宝物への足掛かりを築いていく。こうしてグループ内に次々と築いた足掛かりをたどり、最終的に宝物を掘り当てた時に、その攻撃の成立が見えてくるわけだ。

　このような攻撃者の行動パターンを踏まえると、防衛側の企業は、宝物の保管場所を集中的に守るだけではなく、グループ内にできるだけ弱いところ

図2-5

持続的な改善活動を支えるリスクマネジメント体制の整備
システム単位の改善サイクル

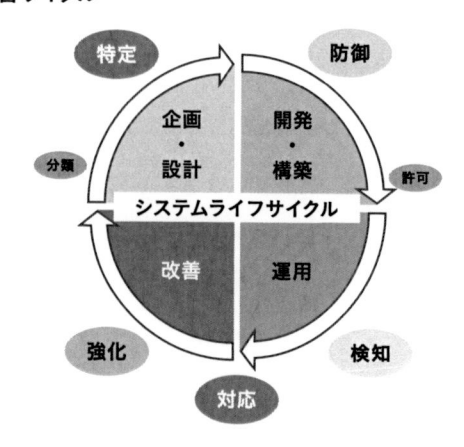

をつくらないということも重要課題として認識しなければならない。したがって、情報セキュリティガバナンスにおける現場レベルの改善サイクルでは、グループ企業内の様々な環境下で実装される情報セキュリティ対策レベルを底上げするための仕組みづくりが重要であり、その実現に向けて、経営陣の「方向付け」に対し、環境の違いや担当者のスキルセットに拘らず、現場の誰が運用しても効率よく均一的なセキュリティ対策レベルを実現するフレームワークの整備が有効策となる。

　現場レベルの改善サイクルを担うフレームワークは、システムライフサイクルの「企画・設計」「開発・構築」「運用管理」「改善・更新」といったグループ全体で共通的に認識された各工程に沿って、情報セキュリティ対策に関わる意思決定や問題解決の方法、および技術的な機能や実装方法などの枠組みを形成する（図2-5）。例えば、「企画・設計」の工程では、これから立案するシステムのハードウェアやソフトウェア、インターネット接続の有無、顧客情報の取り扱い有無、システム利用者の範囲など構成要素や環境を分類し、その分類ごとにあらかじめ用意されたセキュリティ対策要件を特定して

いく。この特定作業を行う際に、グループ全体で標準化したチェックシートを用いれば、担当者のスキルセットに依存しない仕組みを整えることが可能になる。また、当該チェックシートは、システム開発などの投資判断を行う意思決定プロセスであり、リスク評価ツールとしても活用することができる。

　グループ全体に数十数百は存在するであろうシステム個々のサイバーリスクを、経営レベルと現場レベルの間で共通的に認識できることは、情報セキュリティガバナンスの実行力強化に大いに貢献する。同様に、「開発・構築」工程のサービス提供開始前の意思決定の際に、チェックシートを参照することで、情報セキュリティ対策要件の実装状況を確認することができる。また、このプロセスの中でシステム管理番号を付与し、グループ標準のシステム管理データベースへのシステム情報登録を義務付ければ、グループ全体のシステムを網羅的に運用管理する体制の確立を容易にする。特に「運用管理」の工程で煩雑になるシステム個々の脆弱性管理業務において、当該システム管理データベースはグループ全体の脆弱性状況を把握するうえで必要不可欠といえるほど有効なツールになるはずだ。さらに、グループ全体で共通的なセキュリティオペレーションセンターやインシデントレスポンスチームの利用を義務付ければ、情報セキュリティ管理体制の質的高度化によるサイバーリスクの可視化や低減化が促進できるだろう。そして、最終工程の「改善・更新」において、環境変化に応じたチェックリスト等の見直しを定期的に行うとともに、事故発生後に行う全容把握や再発防止策の検討を定型化することで、改善サイクルの枠組みや内容を持続的に活性化する必要がある。

2.4　グループ全体で対策レベルを共通認識する成熟度モデルの確立

　現場レベルの改善サイクルを活性化するためには、PDCAの"C"、つまりチェックの的確な実施が特に重要になる。なぜなら、情報セキュリティ対策レベルの均一化を推進する中で、誰が実行しても同等の結果を導くような枠

図2-6

経営と現場レベルの改善サイクル確立

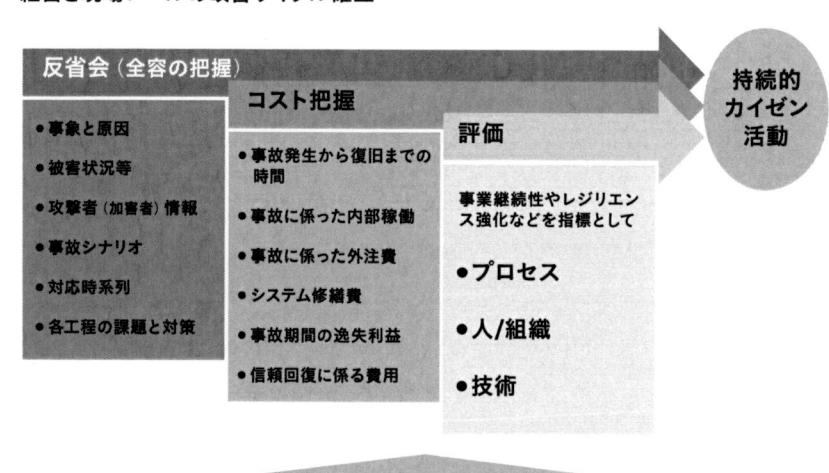

組みの整備が進むと、現場レベルの実行者は考えて行動する機会が少なくなり、改善活動が形骸化する恐れがあるからだ。よって、改善サイクルの枠組みの中で、セキュリティ事故の影響の大小に拘らず、事故が起きてしまった現場組織の情報セキュリティ担当者が、情報セキュリティガバナンスを総括する事務局等に、事故全容や再発防止策などを、所定の報告書で提出することを義務付けるなど、現場レベルの実行者一人ひとりが自律的に考動する機会を組み込むことが肝要である（図2-6）。

　例えば、グループ企業の従業員が使用するパソコン1台がウイルス感染するといった、日常的に起こり得る比較的軽微な事故であっても、その事象と原因、業務影響などの被害状況、攻撃者（加害者）情報、事故のシナリオ、および対応時系列と各工程の課題などを取りまとめて、グループ本社のCISOへ報告することが重要だ。CISOはこれらの情報をグループ全体で一元的に管理し、横通しの観察を行うことでグループ内の弱点を可視化することがで

きるだろう。また、もう一つポイントとして挙げたいのが、インシデントからの復旧に要したコストの算出だ。パソコン1台のウイルス感染とはいえ、それを元のクリーンな状態に戻すとき、当事者の対応稼働に加え、ヘルプデスクでの受付やパソコンの回収、OSの再インストールなどといった作業にかかるコストが発生する。また、その作業期間にパソコンが使えなくなれば、当事者である従業員が業務を遂行できないことになるため、その間の遺失利益などもコストとして換算しなければならない。こうした一つ一つのコストを把握することは改善活動の原点になるだろう。そして、これらを積み上げることで1年間のサイバーリスクに関する損失額が把握できれば、翌年度の損失削減目標を定量的に設定できるため、セキュリティ投資に対する経営判断の根拠になるのである。このように、現場レベルの改善サイクルで得られた結果を、経営レベルの改善サイクルの「モニタリング」工程で吸い上げて連携することで、経営と現場が一体となった改善活動を質的に高度化させていくことができるのだ。

　今後の情報セキュリティガバナンスの管理対象範囲は、本社や本社直轄の事業会社の他、M&Aによるグループ会社やサプライチェーンの取引先などへと拡大する傾向にある。この中で、経営と現場の一体感をより強化していくためには、これに関わる一人ひとりが、自分たちの取り組みの目標は何で、現在どの程度のレベルにあるかを把握できる指標をもつことが有効策になる。それは、実践する人や組織のモチベーションの維持にもつながり、持続可能な取り組みの下地となる。その指標のベースとして参考になるのが「能力成熟度モデル統合（CMMI：Capability Maturity Model Integration）」である（図2-7）。

　これは、米カーネギーメロン大学CMMI研究所が公表しているもので、組織が業務遂行能力をより適切に管理するために遵守するべき指針を最も未熟なレベル1から最も成熟したレベル5までの5段階で体系化している。レベル1は「初期段階」（initial）で、特にプロセスが統制されておらず個々人の努力や能力に依存している状態を表す。レベル2は「管理された状態」（managed）で、部署やチーム、プロジェクトなどの単位でプロセスが管理さ

図2-7

グループガバナンスを支援する"成熟度モデル"

CMMI	成熟度	プロセス	人／組織	技術
最適化している ■定量的評価のFB ■継続的カイゼン活動	5	経営課題の一環として継続的PDCAが確立した段階	評価・処遇制度の導入 ■セキュリティ人材キャリアパスの明確化	迅速・的確なインテリジェンスの共有と連携防御
定量的に管理された ■組織目標の設定 ■定量的な理解と制御	4	全社的な品質目標が設定され定量的な制御がある段階	教育・育成モデルの確立 ■社員スキル底上げ、核要員の持続的確保	事象に応じた対応策の明確化に基づく遠隔制御体制の確立
定義された ■標準化、統合化 ■組織的ノウハウ共有	3	本社統治の規定をベースに個別規定を融合した段階	適材適所のリソース配置 ■コア業務の見極めと外注による補強	ログ管理方法の標準化、分析ノウハウを統合するSIEM導入
管理された ■規律がある ■反復できる	2	本社指示による個別の繰り返し可能な規定に基づく	リスク管理体制の組織化 ■経営層(CISO)が関与した管理体制	情報資産やICT環境の現状把握とタイムリーな脆弱性管理
初期 ■場当たり的 ■個人の努力に依存	1	全社的に一貫性のない個別／非公式なルールに基づく	役割と責任の定義 ■必要なスキルセットの明確化	外部NWから侵害する既知脅威の侵入検知と防御

CMMI：Capability Maturity Model Integration　能力成熟度モデル統合

れ、計画や監視、コントロールなどが行われている状態を表す。レベル3は「定義された状態」（defined）で、組織全体で統一された手順や用語、手法が整備され、標準化されたプロセスを各プロジェクトなどが個別に手直しして利用する状態を表す。レベル4は「定量的に管理された状態」（quantitatively managed）で、プロセスの状態を定量的に把握し、蓄積されたデータに基づく統計的な意思決定などが行える状態を表す。最後にレベル5は「最適化している状態」（optimizing）で、プロセスの定量的な把握を基礎として、組織内で継続的にプロセスの改善に取り組む体制が整備されている状態を表す。

　このCMMIは、ソフトウェア開発やプロジェクト管理など、様々な分野に汎用的に適用できる手法として開発されており、情報セキュリティガバナンスの成熟度レベルを定義する際にも十分活用できる。では、サイバーリスクマネジメントの要求事項を踏まえ、「プロセス」「人／組織」「技術」の観

点で整理してみよう。

　まず第1の観点である「プロセス」面の成熟度についてであるが、レベル1の初期段階では、グループ企業の各組織には何らかのシステム管理規定やセキュリティポリシーが策定されているが、非公式で何も統制されていないため、組織間でバラバラな状態である。しかも個人のスキルに依存しているため、組織的な継続が難しい状況といえる。レベル2の管理された段階になると、グループ経営陣の方向付けなどに基づく規定や規律が整備され、組織ごとに個別ではあるが、管理項目が概ね揃い、実施方法などが繰り返し可能な状態になる。レベル3の定義された段階になると、グループ本社がシステム管理規定や情報セキュリティ管理規定を一元的に作成し、各組織に配布することで、管理項目や実施方法の標準化が進む。これにより、従業員教育や組織間のノウハウ共有あるいは水平展開を効率的に行い、グループ標準モデルの展開が推進できる状態になる。さらに、レベル4の定量的に管理された段階になると、グループ共通の品質目標が設定され、定量的な評価と制御がある状態になる。そして、レベル5の最適化している段階になると、品質目標が経営課題の一環として捉えられ、改善サイクルの一環として行うマネジメントレビューによって、定量的評価や反省、および管理指標の改訂等の活動が持続可能な状態へと進むことになる。

　次に第2の観点である「人／組織」面の成熟度を考えてみると、レベル1の初期段階では、非公式な各組織の規定等に基づいて、個別に役割と責任が定義されている状態である。レベル2の管理された段階になると、CISOなどのグループ経営陣が関与したピラミッド構造の管理体制が組織化され、規模の大小に拘らず各組織に一定の役割が配置される。これで見た目には体制が整うが実行力が伴わないケースが散見される。その理由は、本社と同等の役割を小規模な事業会社に要求しても、結果的に一人の優秀な社員に役割が集中し、実際の事故対応時には計画どおりの行動ができないためである。この課題を打開し、レベル3の定義された段階に進むためには、ピラミッド構造における各役割について、内部リソースで実行すべき役割と、そうでないものとを分類し、そうでない役割はアウトソーシングで補完するといった対

図2-8

リスクマネジメント体制の要となるCSIRT

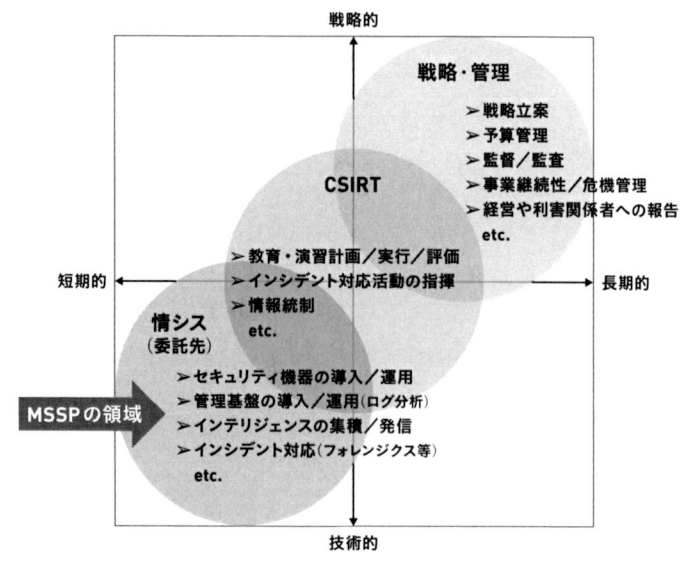

CSIRT：Computer Security Incident Response Team
MSSP：Managed Security Service Provider

応が有効策となり得る。要は、限られた内部リソースの有効活用と、実行力強化のための選択と集中である。

　サイバーリスクマネジメント体制の具体的な役割としては、戦略的かつ長期的な視点で事業継続性などを考える「戦略立案・企画管理」と、技術的かつ短期的な視点でICT環境の問題解決に取り組む「情報システム運用管理」、そしてこの両極端な組織間でセキュリティ業務の橋渡し役となる「CSIRT（Computer Security Incident Response Team）」の3つに大別される（図2-8）。その中で、戦略立案・企画管理とCSIRTは、自社グループの社内事情や業務内容、および事故発生時の影響度合いと対策優先順位などに精通しておく必要があるため、内部リソースによる体制化が望ましい。一方、情報システム運用管理におけるセキュリティ機器の監視やログ分析による脅威の可視化、および

事故原因あるいは影響範囲の鑑識作業など、セキュリティ技術の専門的なスキルセットが要求される役割は、マネージドセキュリティサービスプロバイダ（MSSP）にアウトソーシングしたほうが、事故時の復旧力強化を合理的に実現できるだろう。

　このように内部リソースで実行すべきと見極めた役割について、要求されるスキルを定義し、それに基づく社内教育プログラムを確立することで、担当候補となる社員の掘り起こしが実現したり、配属された社員のスキルが継続的に向上するようになれば、レベル4の定量的に管理された段階になったと定義できる。さらに、CISOをトップとしたサイバーリスクマネジメント体制の処遇制度が確立し、セキュリティ人材のキャリアパスの形成と、それぞれの役割に対する定量的な評価基準に基づいた質的高度化が持続可能になれば、レベル5の最適化している段階に到達したということになる。

　そして第3の観点である「技術」面の成熟度について考えてみると、レベル1の初期段階では、ICT環境の適所にセキュリティ機能を導入することにより、インターネットに蔓延するウイルスの侵害を受動的に制御し、境界防御ができる状態である。レベル2の管理された段階になると、ICT環境の現状把握やその脆弱性管理業務が、グループ全体の共通的なルールによって実行されており、担当者のスキルに依存することなく一定水準の成果が得られるとともに、その実行内容をグループ全体で俯瞰して観察できる状態になる。これによって、ICT環境のリスク度合いが管理された状態を築くことができる。

　続いて、レベル3の定義された段階は、あらゆるセキュリティ対策のベースとなるログ管理方法を標準化し、分析ノウハウを統合するセキュリティログ管理基盤（Security Incident Event Management、以下SIEMと称す）が導入された状態である。ICT環境の構成機器や適所に配置したセキュリティ機能から膨大なログを収集し、相関的に分析することで、セキュリティリスクの根源となる脅威を可視化する。そして検知された脅威から想定される危険な事象と、それに対する防御計画をあらかじめ策定し実行することができれば、レベル4の定量的に管理された段階になる。さらに、そのノウハウを脅威イン

図2-9

成熟度モデルの確立と持続的な改善

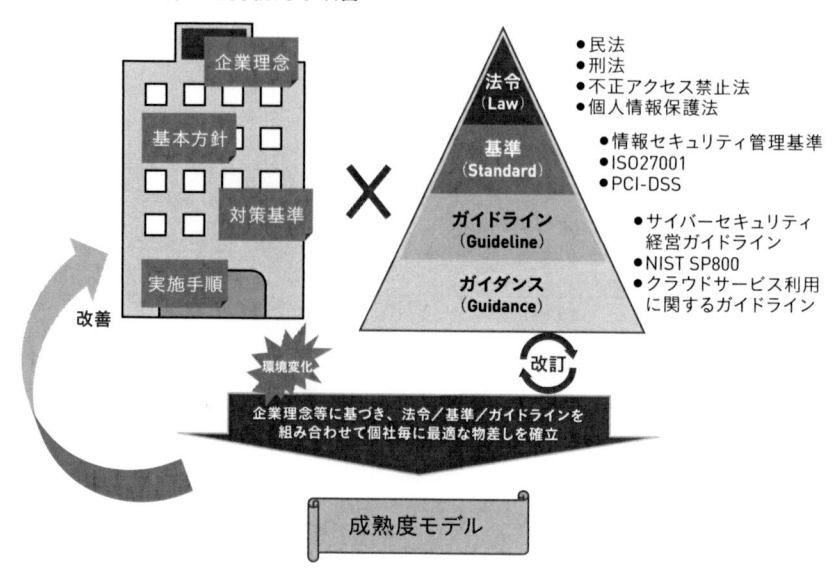

テリジェンスとしてグループ全体に配信し、グループ内の被害拡大や再発防止を制御する体制整備ができれば、レベル5の最適化している段階の達成である。

なお、ここまで解説してきた内容はあくまでも一例に過ぎない。このようなサイバーリスクマネジメントの成熟度モデルは、自社、あるいはグループ経営における企業理念や方針、それに基づく対策基準や実施手順などに加えて、外部のセキュリティに関する法令や基準、ガイドラインなどの組み合わせによって、自社の状況に則して策定していくものである。したがって、成熟度モデルは1つではなく、個々の企業によって違うものになるはずだ。また、サイバーリスクを取り巻く環境はとどまることなく変化し続けており、各国の法令やガイドラインも変更されることが多い。つまり、成熟度モデルも定期的に見直していくことが大切な取り組みになるわけだが、その中でグ

ループ経営を支える情報セキュリティガバナンスの確立にとって無視できないポイントを挙げておきたい（図2-9）。

　グループ経営は、国内外における様々な関連会社やM&Aなどにより外部から加わった企業、サプライチェーンの取引先など、規律や道徳観、文化の違いをもった組織で形成されるので、ダイバーシティを受け入れることが必要不可欠となるが、サイバーリスクに関する認識はまちまちであり、グループ全体を通して適切にリスクマネジメントすることは容易ではない。こうした状況を打開するために重要なことは、経営レベルと現場レベルの良質なコミュニケーション基盤を確立することである。経営陣からの一方的かつ強制的な方向付けだけでは、現場の共感を得ることはできず、緊急事態に実行力を発揮できない"絵に描いた餅"で終わることになりかねない。年に1回は経営陣が現場の代表者と面会し、ゼロトラスト時代の情報セキュリティガバナンスについて、その意義を語り合い、理解し合う場をもつことがことのほか重要なのではないかと私は考える。

2.5　経営陣が取り組むべき5つの原則

　米国のNACD（National Association of Corporate Directors）は、米国の2万人以上の取締役メンバーから成る非営利団体である。フォーチュン1000の90%の企業が加盟しているという。1977年の設立以来、取締役会の責務における標準を定め、重責を担うリーダーの業務執行を支援してきた。同NACDは「Director's Handbook Series」を刊行しており、サイバーセキュリティに関しても「NACD　Director's Handbook on Cyber-Risk Oversight」（2017年1月版）を発行している（以下「NACDハンドブック」）。

　このNACDハンドブックは、組織経営のあらゆるレベルに対して重大な影響を及ぼすサイバーリスクについて概観し、様々な組織の取締役メンバーが適用可能なリスクマネジメントの5つの原則を紹介している。その中で最初に強調されているのは、企業のサイバーセキュリティと収益性をどう均衡させるかという点だ。セキュリティ対策というとコストセンターとしての活

動と見なされがちだが、取締役会と経営陣はサイバーリスク対策を講じることで最悪のセキュリティ事故による損失を回避しつつも、収益性を確保して競争的な経営環境で成長を続ける必要があることを前提としている。それぞれの原則は次のとおりである。

第1の原則は、「サイバーセキュリティはITだけでなく企業全体のリスクマネジメントであることを認識して対策すべし」ということ。この冒頭で経営陣に注意を促しているのは、既にサイバーセキュリティはIT部門だけで判断し業務執行できるものではなくなっているという事実だ。サイバーセキュリティは全社的なリスクマネジメントに関わる問題であり、戦略的、部門横断的、かつ経済合理的な観点から検討される必要がある。例えば、新製品の生産や発売を見ても、複数の国や地域にまたがった複雑なサプライチェーンが関わっており、多大なサイバーリスクを抱えている。また、国際的なM&AにおいてもITシステムの統合が不可欠で、十分なデューデリジェンスなしで作業を進めてしまうとサイバーリスクが著しく増大する。さらに近年は多くの企業がパートナーやサプライヤー、系列会社、顧客と相互に結ばれたエコシステムネットワークを有するため、自社のICT環境だけでなくこれらのネットワークにつながるシステムの脆弱性が重大なリスクになる。

このため取締役会は経営陣に対し、自社だけでなく関連するすべてのエコシステムにおけるサイバーリスクを評価するように促さなければならなくなっている。さらに進んだ取締役会であれば、企業を取り巻く様々なレベルのリスクについて議論し、個々のサイバーリスクの可能性とそれに対する態勢についても入念に検討するはずだ。このような戦略的方向性に伴うビジネスリスクや多様なリスク間の相互作用などを、「ビッグピクチャー・リスク」と呼び、これらの議論を深めるために取締役会のメンバーをどう選んで任命するかということも重要になっているとNACDは指摘している。

実際、米国上場企業の96％の取締役会のフルメンバーが「ビッグピクチャー・リスク」への対処を任務としている。しかしながら米国においてさえ、取締役会のフルメンバーが「サイバーリスク」を任務としているのは

41%にとどまっているようだ。企業によっては監査委員会やリスク委員会等が対処するなど、様々なアプローチがあり得るが、取締役会と経営陣のメンバーに、必要に応じてセキュリティ専門家も交えて、全社的なサイバーリスクへの認識を深めることが大事である。

　第2の原則は、「サイバーリスクがもたらす各種法的な問題を理解すべし」ということ。企業の情報開示や個人情報の保護、ITインフラの保護などのサイバーリスクに関わる法規制の枠組みは、複雑であるだけでなく常に発展的に変化している。このため取締役会や経営陣は、組織が直面する法規制上の最新の情報に精通しておくことが求められる。例えば、重大なセキュリティ事故に遭遇すると訴訟を引き起こす可能性があり、公開企業の場合には株主が経営陣を経営上のミスによって告訴することもあり得る。したがって、取締役会はサイバーセキュリティ事故が発生した場合に従うべき調査ステップを定め、さらに取締役会でのサイバーリスクマネジメントに関する議事録を保管しておくことなどが必要になる。万が一の事態に備えた対策演習などを定期的に実行し、取締役メンバーが深刻なインシデントに際して企業が実施すべき手順に慣れておくことも効果的だろう。

　第3の原則は、「セキュリティ専門家へのアクセスを確保して取締役会でも定期的にサイバーリスクマネジメントを扱うべし」ということ。NACDが公開企業の取締役を対象に実施した調査によると、回答者の89.1%が「取締役会で定期的にサイバーセキュリティについて議論を行っている」ことが分かった。サイバーリスクの発生確率が高まり、その影響が重大になればなるほど、取締役会や経営陣の責務も増大する。脅威の存在を認識し、セキュリティ担当者から報告を受けるだけでは責務を執行できない。サイバーセキュリティ戦略を策定し、企業のパフォーマンスを向上させるための原則を導入して、適切な質疑と建設的な議論を深めていく必要があるのだ。

　第4の原則は、「取締役会は経営陣が全社的なサイバーリスクマネジメントのフレームワークを確立し最適な業務執行を行っているかを監視すべし」ということ。フレームワークのベストプラクティスとして参考になるのが、2014年に米国NISTが発表した「重要インフラのサイバーセキュリティを向

上させるためのフレームワーク（Framework for Improving Critical Infrastructure Cybersecurity）」だろう。この文書は、サイバーリスクマネジメントのための標準、方法論、手順とプロセスについて、「特定」「防御」「検知」「対応」「復旧」の5つの工程を定義しており、脅威の侵害を防止するだけではなく、侵害後の対応も重視した構成になっている。米国の重要インフラ提供事業者を対象としたものではあるが、世界中のあらゆる業界の組織が活用している。

　第5の原則は、「取締役会と経営陣はどのリスクを回避すべきか／受容すべきか、どのリスクを緩和するか／保険に移転すべきか等、個々のリスク対策について議論すべし」ということ。完全なサイバーセキュリティというものは非現実的な目標であり、経営陣はサイバーリスクの現実に向き合いながら、責務の執行を最適化しなければならない。また、リスク対策は企業戦略との一貫性を保つべきであり、リソース配分の意思決定と直結することになるだろう。取締役会や経営陣はビジネス全体の中で限られたリソースをどこに投じてリスクをマネジメントすべきかの判断が求められるのである。

　5つの原則に基づくサイバーリスクマネジメントへの取り組みは、個々の取締役会によって異なるものになるが、このNACDハンドブックは一つのベンチマークを提供しており、サイバーセキュリティ経営への本格的な取り組みに着手するための冊子として優れているといえるだろう。昨今、国内でも経済産業省の「サイバーセキュリティ経営ガイドライン」やJNSAの「CISOハンドブック」などが公開され、実務上も大変参考になる内容となっている。一方で、NACDハンドブックは取締役会と経営陣に対して、サイバーリスクマネジメントの必要性を示すとともに、どのような心構えでこの課題に向き合うべきかを簡潔に説いている点が大きな特徴といえるだろう。

　また、NACDハンドブックはCISO（Chief Information Security Officer）のみを対象としていない。NACDが米国の2万人以上の取締役メンバーから成る非営利団体であり、取締役会の責務と業務執行を支援するという立ち位置からも分かるように、個々の経営メンバーがセキュリティリテラシーを備え、経営視点でサイバーリスクに対応していくための原則を提案しているものだ。

その意味でも、個々の取締役メンバーの専門分野を問わず、全員が財務諸表を理解できるのが当然であるように、全経営メンバーがセキュリティリテラシーを備えたうえでチーム一丸となってサイバーリスクマネジメントを推進する時代が到来したといえるのではないだろうか。

第 3 章

サイバーリスクの根本原因となる脅威と脆弱性

3.1 サイバーセキュリティの転換点

　2013年2月、当時のオバマ米国大統領はExecutive Order（EO）13636大統領令[1]を出した。米国の重要インフラストラクチャのサイバーセキュリティを改善するためのフレームワークを開発せよという大統領の指示がNIST（国立標準技術研究所）[2]に対して出たのである。1年後、2014年2月にNISTは「重要インフラストラクチャのサイバーセキュリティ改善のフレームワーク」[3]を発行した。通称NISTのサイバーセキュリティフレームワーク（NIST CSF）と呼ばれている。

　このフレームワークが出たことによってサイバーセキュリティへの取り組みは180度変わることになった。2014年以前は、サイバーセキュリティといえば防御の活動が主体であった。とにかくサイバー攻撃を防御する対策が投資の中心であった。例えば、インターネットとの境界にファイアウォールを入れ、外部の不正なアドレスから来る通信をフィルタリングする、またIDS/IPS（不正侵入検知防止装置）を入れ、外部の不正なサーバーから来るコマンドを防ぐ。エンドポイントのPC端末にはマルウェア対策ソフトを入れ不

---

1) https://obamawhitehouse.archives.gov/the-press-office/2013/02/12/executive-order-improving-critical-infrastructure-cybersecurity

2) https://www.nist.gov/

3) https://www.nist.gov/cyberframework

正プログラムの感染を防御する、もっぱら防御主体のセキュリティ対策を実施してきた。

　しかしNISTのCSFは、もはやサイバー攻撃から100％守るのは難しい、防御（プロテクト）だけではなく検知（ディテクト）、対応（レスポンド）の3つの対策を同等に実施することの重要性を説いた。これまで防御一辺倒であったサイバーセキュリティについて、攻撃されることを前提とし、いち早く攻撃を検知し、迅速に対応することで、被害を最小限にとどめることが大切であると説明したのである。

　これにより、検知するためには24時間365日の監視が必要ということでセキュリティオペレーションセンター（SOC）の導入が進んでいる。また、対応するにはCSIRT（Computer Security Incident Response Team）が必要ということで2014年以降多くの企業がCSIRTを作っている。つまり2014年を境にサイバーセキュリティ対策は大きく変わってきたのである。

　また、NISTのCSFでは、サイバーセキュリティへの取り組みとしてリスクアプローチを行うべきであると説いている。組織を取り巻くサイバーセキュリティリスクを洗い出して、優先順位を付けて取り組むことが大切である。そもそも組織のすべてのサイバー資産に対して一様にセキュリティ対策を施すことには、予算や人的リソース面からも不可能である。ならば、組織にとって重要なサイバー資産から優先的に対策を打つことが必要となる。

　リスクを洗い出す作業はなにもサイバーセキュリティに限った話ではなく、従前からビジネスリスク管理（ERM：Enterprise Risk Management）というマネジメント手法を多くの企業が採用している。NISTのCSFが定義したサイバーセキュリティリスクはより理解度を深める説明がなされていた。図3-1に示すのは、従前からリスク管理の世界で使われてきたリスクの公式と、今回NISTのCSFが示したサイバーセキュリティリスクの公式を比較したものである。上が一般的なリスク管理で使われている公式で、リスクは何らかの事業目標や目的を阻害する不確実性である。そのリスクは、リスクが発現したときのビジネスへの影響度合いとリスクが発生する可能性（発生確率）の掛け算で成り立つ。NISTのCSFが出される前は、サイバーセキュリティの世

図3-1

リスクの公式

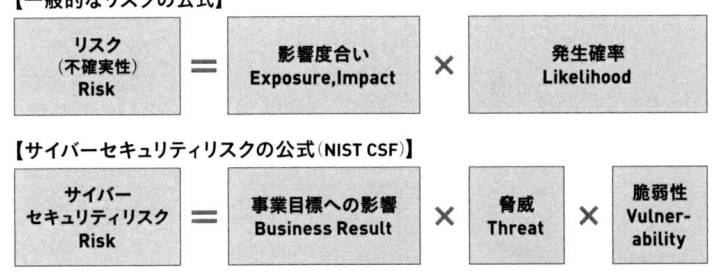

【一般的なリスクの公式】

【サイバーセキュリティリスクの公式（NIST CSF）】

変数がゼロにならない限り、リスクはゼロにならないことが分かる
つまりゼロリスクはあり得ない

界でもリスクの洗い出しにはこの公式を使っていた。しかしこの公式を見ると何らかセキュリティのインシデントが起これば、事業に何かしらの影響は出るが、そもそも本当にそのインシデントが起こる確率はあるだろうか、という漠然とした感覚で対応するようになるのではないか。そして防御しているのだからセキュリティインシデントは起こらないのではないのか、であればリスクはゼロであるという、ゼロリスクを目指す発想を生む誤解が生じやすい。経営者の中には、「セキュリティインシデントの発生確率は防御により限りなくゼロに近似させ、セキュリティのリスクをゼロにしろ」というゼロリスクを求める論理が2014年まではまかり通っていたのである。

　ところがNISTのCSFは図3-1の下段の公式を説いたのである。従前との違いは、発生の可能性を分解し、脅威と脆弱性によって発生の可能性が決まるとした点である。ここでいう脅威とは、サイバー攻撃者であり、ロシア、中国、北朝鮮、イランなどにいる国家の支援を受けているサイバー攻撃者や、ダークネットなどでグループ化した国際的なサイバー犯罪者集団や、ハクティビストといわれる政治的な思想や主義主張をもって敵対する組織や国家を攻撃するグループなどである。これらの脅威をゼロにすることは世界中の軍や警察組織が連携したとしても不可能である。一方、脆弱性は

WindowsやLinuxなどのOSや、Webサーバーアプリケーションやミドルウェアなどのソフトウェアに内在するバグ（欠陥）である。脆弱性は毎年1万件以上が発見されており、その数は年々増え続けている。残念ながら脆弱性もゼロにはできない。そうであれば、サイバーセキュリティリスクが発生する可能性は、「脅威×脆弱性」である限り、ゼロにはならないのである。よってサイバーセキュリティリスクをゼロにすることは不可能であり、セキュリティへ適切な投資を行い、対策を維持し続けなければならないことが論理的に説明されたのである。

次節からは脅威と脆弱性について具体的に解説を加える。

3.2 サイバー脅威

サイバー攻撃を行う者たちを、脅威という。脅威が存在する限り、サイバーセキュリティインシデントは発生する。一般ユーザーが脅威自体をコントロールすることは難しい。脅威をコントロールできるのは法的な捜査権限をもった機関だけであり、日本でいえば警察組織だけである。私たち一般ユーザーは脅威をコントロールすることは難しいが、どのような脅威が世の中に存在していて、どのような攻撃を受ける可能性があるのか、ということについては知識をもっておいたほうがよい。脅威を知ることで、有効な対策や迅速な初動対応を実現すべく、以降脅威を見ていくことにする。

（1）標的型攻撃の脅威

脅威はいくつかの種類に分類される。

まずAPT（Advanced Persistent Threat）と呼ばれている高度かつ執拗な攻撃を仕掛けてくる攻撃者がやっかいである。彼らは特定の組織を狙った標的型攻撃を仕掛けてくる。彼らは主に国家の支援を受けているハッカー集団（State Sponsored Actors）であり、主要な集団はロシア、中国、北朝鮮、イランのサイバー軍もしくは軍配下の組織と考えられている。なぜ考えられているのかと

いえば、攻撃者を特定する行為を「アトリビューション（Attribution）」とい
うが、それは非常に難しいからである。なぜならば攻撃者は自分のコン
ピュータを特定されないように、世界各国に所在する踏み台と呼ばれる複数
のサーバーを経由してターゲットを攻撃するため、攻撃元を特定することは
極めて困難なのである。彼らは主に重要インフラ事業者の制御系システム、
企業の営業秘密情報、防衛関連情報など国家の重要な情報を窃取し、時には
システムを破壊する攻撃をしかけてくる。これらの活動は主にスパイ活動
（Espionage）の一環として行われる。攻撃者は攻撃することが任務（職務）と
なっていることから、彼らは任務を完遂するまで執拗に攻撃を続けることに
なる。

　2つ目の脅威は組織犯罪者集団によるサイバー犯罪（Cyber Crime）である。
彼らサイバー犯罪者集団の目的は、主に金銭の取得である。クレジットカー
ド情報、個人情報、企業の取引情報、などを窃取し、ダークウェブなどのア
ンダーグラウンドの世界でこれらの情報を売却し金銭化を図る。犯罪者集団
自体が全世界に点在しており、彼らのつながりはダークウェブなどを利用
し、アンダーグラウンドの世界で構成されている。

　そして3つ目の脅威は、ハクティビストと言われている主に政治的、社会
的な主義主張をもっている人たちであり、国家や政治的敵対者に対して、嫌
がらせ行為を働く集団である。アノニマス（Anonymous）というグループが世
界的に有名である。彼らは特定のキャンペーンを張り、関係する攻撃先の
ホームページ、政府系機関WebサイトなどをターゲットとしてDDoS
（Distributed Denial of Service）攻撃（サービス不能攻撃）をしかけてくる。あるとき
は企業情報の窃取を狙うこともある。特に4年に一度の祭典であるオリン
ピック関連システムへの攻撃は、攻撃自体が注目され全世界にニュースとし
て配信されることから、格好のキャンペーンとなっている。2020年オリン
ピック・パラリンピックを控える東京にとっては特に注意が必要な脅威の1
つである。

　そして4つ目の脅威が内部関係者（インサイダー）である。日本で起きた3大
個人情報漏洩事案は、3件とも内部関係者による犯行であった。1999年に宇

図3-2

脅威の種類と主な攻撃対象（イメージ）

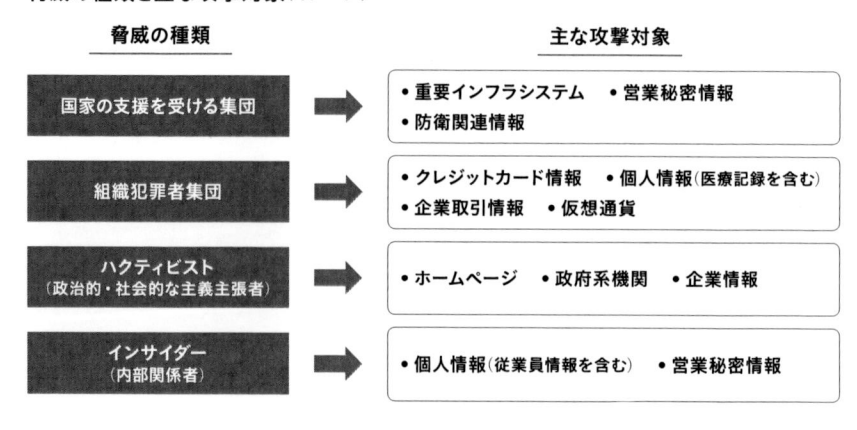

脅威の種類	主な攻撃対象

治市で起きた21万7617件の住民基本台帳漏洩、2007年に大手印刷会社で起きた864万件の顧客情報流出事案、2014年に大手教育サービス会社で起きた約2900万件の顧客情報流出事案は、いずれもシステムの運用委託者による内部犯行であった。通常インサイダーが狙う情報は換金できるもの、例えば従業員情報を含む個人情報、営業秘密情報であり、盗んだ情報はダークウェブなどで売買が行われている。時には中国などへ売り払ってしまうケースもある。

4つの脅威の種類をまとめるとイメージではあるが図3-2のようになる。

ここからは、APT攻撃を仕掛けてくる国家の支援を受けている集団を見ていこう。

米国で2004年に創業したセキュリティ専門会社のFireEyeは独自に解析した脅威情報をインターネットで公開している。4)

FireEyeの情報を基に、主要なAPT集団を整理すると表3-1のようになる。

---

4) https://www.fireeye.com/current-threats/apt-groups.html

表3-1

集団名	支援国家	攻撃者の概要
APT1	中国	中国人民解放軍(PLA) 総参謀部(GSD) の第3部2局(總参三部二局) のユニット61398 (61398部隊) として最もよく知られている。 攻撃対象分野：情報技術、航空宇宙、行政、衛星通信、科学研究およびコンサルティング、エネルギー、輸送、建設および製造、エンジニアリングサービス、ハイテクエレクトロニクス、広告およびエンターテインメント、金融サービス、食品と農業、医療、金属鉱業、教育等多岐にわたる 概要：APT1は少なくとも141の組織から数百テラバイトのデータを体系的に盗み出し、数十の組織から同時に盗む能力を実証した。このグループは、英語を話す国々の幅広い業界を攻撃している。APT1のインフラストラクチャの大きさから、少なくとも数十人のオペレータを伴う大規模な組織である。 セキュリティ会社CrowdStrikeは彼らのことをComment Pandaと呼ぶ。
APT3	中国	対象分野：航空宇宙・防衛、建設・エンジニアリング、ハイテク、電気通信、輸送 概要：ブラウザベースの攻撃コードでゼロデイ脆弱性を狙った経緯がある。このグループは、ターゲットホストを乗っ取った後、すぐに権限情報を取得し、追加のホストめがけて横方向に展開し、カスタムバックドアをインストールする。APT3のC2インフラストラクチャは、重複がほとんどないため、追跡が困難である。 セキュリティ会社CrowdStrikeは彼らのことをGothic Pandaと呼ぶ。
APT10	中国	対象分野：米国、欧州、日本の建設・エンジニアリング、航空宇宙、通信会社、政府機関 概要：APT10は、2009年以来FireEyeが追跡してきた中国のサイバースパイ活動のグループ。歴史的には建設、エンジニアリング、航空宇宙、通信会社、米国、欧州、日本の各国政府をターゲットにしている。これらの産業および政府をターゲットとすることは、貴重な軍事情報の窃取や中国企業を支援するための機密情報の窃取など、中国が目指す国家安全保障を支援することにあったと考えている。 セキュリティ会社CrowdStrikeは彼らのことをStone Pandaと呼ぶ。
APT28	ロシア	対象分野：コーカサス、特にジョージア、東ヨーロッパ諸国と軍隊、北大西洋条約機構(NATO) などの欧州安全保障機関と防衛企業 概要：APT28は、防衛および地政学的問題(政府のみにとって有用なインテリジェンス) に関する情報を収集する熟練したチームである。このAPTグループは、モスクワとサンクトペテルブルクを含むロシアの主要都市のタイムゾーンと一致する労働時間(午前8時〜午後6時) にロシアの言語設定でマルウェアサンプルを作成している。これは、APT28が、確立された組織、おそらくロシア政府からの財政的およびその他の財源を直接受け取ることを示唆している。 セキュリティ会社CrowdStrikeは彼らのことをFancy Bearと呼ぶ。

集団名	支援国家	攻撃者の概要
APT29	ロシア	対象分野：西欧諸国の政府、外交政策グループおよび他の同様の組織 概要：APT29は、被害者のネットワーク上で活動を隠蔽し、正当なトラフィックと似通った方法でまれにしかコミュニケーションしない、適応性が高く規律のある脅威集団である。正当な人気Webサービスを使用することで、グループは暗号化されたSSL接続を利用することができ、検出がさらに困難になる。APT29は最も進化した能力のある脅威グループの1つである。独自のバグを修正し、機能を追加するために新しいバックドアを導入している。ネットワーク防御側の活動を監視し、システムの制御を維持する。APT29は、C2通信用に乗っ取ったサーバーのみを使用する。また、マルウェアの迅速な開発サイクルを維持し、マルウェア検出を妨げるツールを利用する。 セキュリティ会社CrowdStrikeは彼らのことをCozy Bearと呼ぶ。
APT32	ベトナム	対象分野：ベトナムの製造業、消費者製品、コンサルティング、ホスピタリティ分野に投資する外国企業、最近はオーストラリアや日本への攻撃も見られる。 概要：経済的利益を目的に、競合する企業や組織を対象とした攻撃が見られる。
APT34	イラン	対象分野：中東地域において、金融機関、政府、エネルギー、化学、電気通信などの様々な業界で幅広いターゲットを設定。 概要：APT34は、イランの国家利益を守るための偵察活動に焦点を当て、少なくとも2014年以来長期的なサイバースパイ活動に関与していると考えられる。APT34はイラン政府のインフラストラクチャを使用し、国家の利益と調和させた活動を行う。
APT37	北朝鮮	対象分野：韓国、日本、ベトナム、中東の化学、電子、製造、航空宇宙、自動車、ヘルスケアなど、様々な産業分野。 概要：APT37の最近の活動分析では、ゼロデイ脆弱性やワイパーマルウェア（ディスク消去）を含むツールセットを使用して、グループの活動範囲が拡大し攻撃手法も洗練されてきていることが明らかになっている。
APT38	北朝鮮	対象分野：主に世界中の金融機関 概要：サイバー強盗を行う集団である。別名Lazarus Groupとも呼ばれる。2014年のソニー・ピクチャーズエンタテインメントへの攻撃はAPT38ではないかと推測されている。

　国家の支援を受けている攻撃者集団による攻撃で情報が窃取された場合、その情報は世の中には出回らないケースが多い。彼らは諜報活動（Espionage）として情報を収集していることから、情報は彼らの国家機関内で保管されているだけであろう。2015年に日米で発生した大規模漏洩事案、日本では年金機構から125万件の個人情報が盗まれ、米国ではOPM（Office of Personnel Management：米連邦人事管理局）から2150万件の個人情報が盗まれた事案は、おそらく国家の支援を受けている攻撃者による犯行と考えられている。したがって、この2事案の個人情報は世の中に"ダダ漏れ"になっているわけで

はない。個人情報が漏洩した場合、ダークウェブや名簿屋などに売却されダダ漏れになるケースがある。その場合は、漏れた個人情報を悪用されて二次被害が発生する可能性がある。しかしながら、国家の支援を受けている攻撃者による攻撃の場合には、そうしたことがないため、実害は少ない。この点を意識している人は世の中にまだ少ない。

つまりサイバーセキュリティ攻撃を受けたとしても、国家の支援を受けている攻撃者が諜報活動で行っているのか、もしくは犯罪者集団による個人情報の金銭化が目的なのかを見極めることが非常に重要となる。盗まれた個人情報により二次被害が発生すれば、後で巨額の損害賠償請求が発生する可能性がある。サイバーセキュリティの脅威を見極めることは、攻撃者を特定する行為「アトリビューション」を行う必要があるため、非常に難しい作業となる。そのためにも、攻撃者の攻撃パターン、癖、私用するツール、マルウェアなどのIOC (Indicator Of Compromise) [5] といった脅威情報をあらかじめ入手し、攻撃を分析する必要がある。後段で解説するが、各種セキュリティ製品のログを相関分析し、攻撃を分析するThreat Hunting (脅威分析) の重要性が高まっているのは、こうした背景があるからだ。

(2) サービス不能攻撃(DDoS)

続いて、DDoS攻撃の脅威を見てみよう。

世界最大のCDN (Contents Delivery Network) 会社のAkamaiによると、2016年はDDoS攻撃の記録的な年となった。2016年9月にIoT機器をBOT (ボット) [6] 化したMiraiというDDoS攻撃が発生し、著名なセキュリティブロガーKrebs on Securityに対して、620ギガビット/秒を超えるトラフィックが発生し、ネットワーク回線を提供するAkamai社も一時サービスを停止するに至った。Miraiを開発した3人の20代前半の若者は逮捕され、FBIに捜査協

---

5) IOC：侵害された程度を指標化したもので、情報共有を行い活用する
6) 人に代わって作業を行う機械。DDoS攻撃を代わりに行う。語源はロボット (ROBOT)

図3-3

過去最高のDDoSトラフィック

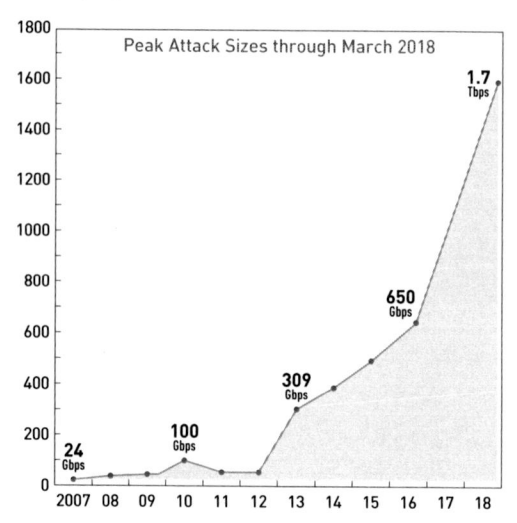

出典：Arbor Networks社のブログ記事

力する司法取引により実刑を逃れている。しかしながら2016年10月に Miraiのソースコードが公開されて以降、亜種と呼ばれる Mirai BOTは存在 し続けており、2019年に入っても MiraiによるDDoS攻撃は観測されている。

　2018年には、史上最大となるトラフィックを発生させるDDoS攻撃が観 測された。2018年2月28日、1.35テラビット/秒のトラフィックがデベロッ パープラットフォームである GitHubを一気に襲った。Linux OSの memcachedサーバーが要求されたデータを被攻撃者に返す仕組み（リフレク ション増幅）が悪用された攻撃であった。翌3月には、ネットワークセキュリ ティ会社である Arbor Networksは、1.7テラビット/秒という記録的なDDoS 攻撃を新たに確認したとブログで公表した[7]。

7） https://www.netscout.com/blog/asert/netscout-arbor-confirms-17-tbps-ddos-attack-terabit-attack-era

表3-2

CORERO社2018年DDoSトレンドレポートより作成

分	2017年	2018年
0〜5	58%	65%
6〜10	13%	16%
11〜20	10%	8%
21〜30	7%	4%
31〜60	6%	4%
60以上	6%	4%

　DDoS攻撃は、オリンピックでも多数発生している。Arbor Networksは2016年リオオリンピックにおいて500ギガ/秒を超える断続的なDDoS攻撃を受けていたと公表している[8]。2020年に東京オリンピック・パラリンピックを控える日本は、オリンピック関連システムだけではなく、官公庁民間企業も含めてDDoS攻撃に注意が必要である。とはいっても、米国でDDoS攻撃対策サービスを提供するCORERO社による2018年のDDoSトレンドレポート[9]によると、81%の攻撃が10分以内に終了するという。

　DDoS攻撃を受けてサービスが不能になる時間が10分を許容できないシステムは、CDN等の対策の導入を検討する必要があるが、10分止まってもしかたがないと判断できる場合には、高価なDDoS対策を見送るのも1つの意思決定である。リスクアプローチで行うセキュリティ対策とは、こうした判断が行えることである。

---

[8]　http://jp.arbornetworks.com/%E3%83%AA%E3%82%AA%E3%83%87%E3%82%B8%E3%83%A3%E3%83%8D%E3%82%A4%E3%83%AD%E3%82%AA%E3%83%AA%E3%83%B3%E3%83%94%E3%83%83%E3%82%AF%E3%81%A7%E3%80%81%E6%AF%8E%E7%A7%92540gb%E3%81%AEddos%E6%94%BB%E6%92%83/

[9]　http://info.corero.com/rs/258-JCF-941/images/Full-Year-2018-Corero-DDoS-Trends-Report.pdf

図3-4

世界初のランサムウェアAIDSウイルス

```
Dear Customer!
It is time to pay for your software lease from PC Cyborg Corporation.
Complete the INVOICE and attach payment for the lease option of your choice.
If you don't use the printed INVOICE, then be sure to refer to the important
reference numbers below in all correspondence. In return you will receive:

- a renewal software package with easy-to-follow, complete instructions;
- an automatic, self-installing diskette that anyone can apply in minutes.

Important reference numbers: A5599796-2695572-

The price of 365 user applications is US$189. The price of a lease for the
lifetime of your hard disk is US$378.  You must enclose a bankers draft,
cashier's check or international money order payable to PC CYBORG CORPORATION
for the full amount of $189 or $378 with your order. Include your name,
company, address, city, state, country, zip or postal code. Mail your order
to PC Cyborg Corporation, P.O. Box 87-17-44, Panama 7, Panama.

                        Press ENTER to continue
```

（3） ランサムウェアの脅威

　続いて、ランサムウェア攻撃の脅威を見てみよう。

　ランサムウェアは、コンピュータ上のデータファイルに暗号化などの制限を仕掛け、制限解除と引き換えに被害者に「身代金」を要求するマルウェアである。ランサムウェアはもはや犯罪ビジネスモデルであることを認識しておくことが重要である。世界初のランサムウェア「AIDSウイルス」（1989年）は、90回目のコンピュータシステムの起動時に突然、身代金要求画面が表示されるものであった（図3-4）。AIDS研究に精力的に取り組んでいた著名な生物学者が犯人であった。189ドルの支払いを求めて、送金為替または小切手でパナマの私書箱宛てに送れば復号の鍵を引き渡すというシナリオであった。

　2010年代に入ると、本格的に身代金を要求するランサムウェアが登場する。2013年9月頃にCryptWallというランサムウェアの感染が米国で確認された。日本国内においても2015年11月頃から感染が確認され始めた。CryptWallは、ビットコインによる身代金の支払いを要求した最初のランサムウェアである。セキュリティ会社マカフィーによると、2015年2月から4月にかけて2ヵ月の調査期間における、ビットコインをドル換算した場合の平均的な価値を基に取引金額を計算した結果、支払われた身代金の総額の推

定額は3億2500万ドル（約400億円）に達したとのこと[10]。金銭被害という面で甚大な被害を及ぼしたランサムウェアである。その後2015年にはビデオゲームのコミュニティを狙ったとみられるTeslaCryptが登場し、2016年に世界中で感染が拡大したLockyが登場している。Lockyはメールに添付されたWord文書のマクロによりダウンロードされる仕組みであった。またLockyは多言語対応しており、日本語環境では日本語の脅迫文が表示されるランサムウェアであった。2017年には世界中で混乱を引き起こしたWannaCryが登場する（第1章図1-4参照）。

　2017年5月12日に発生したWannaCryの攻撃は、わずか数日で150ヵ国以上約30万台のPCが感染した。欧州では自動車工場や医療施設が稼働停止となり、医療施設では緊急を除いて予約の多くがキャンセルを余儀なくされた。中国では、大学、石油会社、病院、政府機関など、約3万の施設に影響があり、特にロシアの被害が深刻で政府機関、鉄道、銀行、さらに国内最大手の携帯電話事業者が被害を受けたと報じられた[11]。

　WannaCryへの感染は、Microsoft Windows OSの脆弱性を突いた攻撃であった。Windowsパッチの適用を疎かにしていない日本では感染が海外に比べて少なかった。感染した日本企業も国内で感染したのではなく、海外の現地法人子会社が感染し、イントラネットを伝わって感染した事例が多かった。脆弱性公表の経過は次のとおりである。

　2016年9月14日：Microsoftは、Microsoft Server Message Block（SMBv1）に重大な脆弱性が存在し、リモートからコードが実行される可能性があることを公表。

　2016年9月16日：Microsoftはブログ記事に重要なメッセージを記載し、手順を示したうえで、SMBv1を無効にすべきと公表。

　2017年1月16日：US-CERT（U.S. Computer Emergency Readiness Team）は、「Disable SMBv1」（SMBv1を無効に）という短い、簡単なメッセージで、ネッ

10）https://blogs.mcafee.jp/32500400cryptow-a0cb
11）https://www.trendmicro.com/ja_jp/security-intelligence/research-reports/sr/sr-2017h1.html

トワーク境界でSMBのすべてのバージョンをブロックするように呼びかけた。

2017年3月15日：Microsoftは、SMBv1の脆弱性を解決する更新プログラムをリリース。

2017年4月14日：The Shadow Brokersは、米国国家安全保障局（NSA）から盗み出したソフトウェアツールを公開した。この中に、SMBv1の脆弱性を突く攻撃用コード「Eternal Blue」が含まれていた。

2017年5月12日：WannaCryによる大規模な攻撃発生。アジアで最初の感染が報告された後、時間とともに世界中に被害が広がった。わずか24時間で30万台以上のコンピュータに感染し、被害は150ヵ国以上に広がった。脅威は脆弱性を突く、という典型的な事案である。脆弱性への対策がいかに重要であるかを改めて認識させられるケースであろう。

2018年2月9日平昌オリンピックが開会した。その開会式の最中、Olympic Destroyerと名付けられたランサムウェアに見せかけたワイパー型のマルウェアが一部のシステムを攻撃した。ワイパー型のマルウェアは、ファイルを暗号化するのではなく、ファイルを破壊する。したがって身代金を支払ってもファイルを復元することはできない。その後もPetya、NotPetyaといったワイパー機能をもったランサムウェアも登場してきており、注意が必要である。なお、平昌オリンピック組織委員会は、Olympic Destroyerによる攻撃に被災したことを公式には認めていない。

（4）ハクティビストの脅威

続いて、ハクティビストによる攻撃の脅威を見てみよう。

2015年9月世界的ハクティビスト集団Anonymous[12]は、イルカ追い込み漁で有名な和歌山県太地町ホームページの他、国内の90を超えるWebサイトを攻撃した。

12）http://www.anonymoushackers.net/anonymous-history/

図3-5

アノニマスがイメージに使っているガイ・フォークスの仮面

　Anonymous（アノニマス）の意味は「匿名」である。彼らの正体はインターネット上において匿名であり、国際的なハッカー集団として活動し、政治的活動を行い、ハクティビスト（hacktivist）と呼ばれている。第1章でもふれたがハクティビストとは、ハッカー（hacker）と活動家（activist）を組み合わせた造語である。アノニマスは、ガイ・フォークス（Guy Fawkes）[13]の仮面を被っている。

　内部告発サイト「ウィキリークス」の主宰者ジュリアン・アサンジはハクティビスト（政治的ハッカー）を代表する存在として知られる。アサンジ容疑者は2019年4月11日英国で逮捕された。アサンジは、2010年8月、スウェーデンで女性に対する性的暴行を働いた容疑で国際手配され、12月に滞在先のイギリスで逮捕されている。その後、仮釈放となったアサンジは、2012年6月に反米の大統領が治めるエクアドル大使館に駆け込み、政治亡命を申請。以降、7年以上にわたり同大使館に籠城していた。

　2015年1月7日（現地時間）、親ロシア派の「CyberBerkut」と呼ばれる集団がドイツ政府の複数のWebサイトに不正侵入した。ドイツ議会および首相

13）1605年に発覚した火薬陰謀事件の実行責任者として知られる人物。英語で「男、奴」を意味する「ガイ（guy）」は、彼の名に由来する

アンゲラ・メルケルのWebサイトを停止したとする声明をWebサイトやTwitterのアカウント上で発表した。CyberBerkutは、親ロシア派の反ウクライナの政治活動を目的としたハクティビストである。CyberBerkutという名は、1992年にウクライナの内務省で設立された「Berkut（ウクライナ語でイヌワシ）」と呼ばれる特殊警察部隊に由来している。

米大手通信会社Verizonが2012年3月22日に発表した2011年のデータ侵害に関する調査結果によると、この数年のデータ侵害は主に金銭目的のサイバー犯罪者が実行していたが、その様相は変わりつつあるとし、2011年に発生したデータ窃盗の58%は、社会的または政治的主張を目的にした活動（アクティビズム）をハッキングによって実行（ハクティビズム）する者（ハクティビスト）の仕業だとされている。

3.3 サイバー脆弱性

サイバーセキュリティリスクは、脅威が脆弱性を攻撃した際に起こると前述した。この項では、リスクを発生させるもう一つの要因である脆弱性を見ていこう。

サイバー攻撃を受けるのは自分が脆弱性をもっているからである。脆弱性は、組織内だけでなくネットワークでつながった関連会社や取引先にも存在する。攻撃者は攻撃対象につながるネットワーク上の脆弱性を見つけて、そこから侵入を試みようとする。したがって脆弱性をなくすことがセキュリティリスクを軽減すること、まさにセキュリティ対策を行うことにほかならない。セキュリティ対策は脆弱性に打つのである。

脆弱性を知るうえで大切なもう一つの言葉の説明をする。「脆弱性（Vulnerability）」という言葉の他に「欠陥（Flaw）」という言葉がある。ソフトウェアやハードウェアを製造する際に欠陥をゼロにすることは残念ながらできない。どうしても欠陥は残ってしまう。その欠陥を利用者、研究者、セキュリティエンジニア、攻撃者などが探し出し、欠陥は見つかることにな

る。利用者、研究者、セキュリティエンジニアが欠陥を見つければ、製品メーカーに対して欠陥があることを指摘し、メーカーはその欠陥を修繕するパッチプログラムを作成することになる。

　しかしながら運悪く、攻撃者が先に欠陥を見つけてしまうと、その欠陥を攻撃するプログラムコードが開発されてしまう。攻撃用プログラムコードのことをエクスプロイトコード（Exploit Code）と言い、エクスプロイトコードが作成されると、この欠陥は「ゼロデイ脆弱性」と呼ばれる脆弱性になる。ゼロデイ脆弱性がエクスプロイトコードとともに公表されると、世界中の攻撃者から攻撃されてしまうため、製品メーカーは早急に脆弱性パッチプログラムを作成し公開することになる。そしてユーザーは脆弱性パッチプログラムをシステムへ導入することによって脆弱性を塞ぐ活動（フィックスする）を行う。

　最近は、全世界のセキュリティ研究者が様々なシステムの欠陥探しをしており、欠陥が見つかったとのニュース記事が毎日のように配信されている。スロバキアに本社を置くセキュリティ会社ESETの発表[14]によれば、2016年に発見された脆弱性は6447件だったのに比べ、2017年は1万4600件へ増加したという。2017年に報告された脆弱性は前年から倍増したことになるほか、1日当たり平均で40件の脆弱性が報告されたことになる。さらに2018年は2017年に比べて30%増加しているという。

　脆弱性は今後も益々発見されることになるが、対応するうえで気を付けなければならないのは、欠陥の段階、ゼロデイ脆弱性の段階、パッチが作成されたあとの脆弱性の段階、を見極めることである。日本語のニュース記事で脆弱性が発見されたという報道があっても、実はその脆弱性は未だ欠陥の段階のものであるかもしれない。日本の報道機関は英語のFlawとVulnerabilityを正確に翻訳できないこともある。欠陥の段階であれば慌てて対応する必要はなく、メーカーによる脆弱性パッチの作成状況を見極めて、冷静な対応をすることが必要である。

14）https://www.welivesecurity.com/2018/02/05/vulnerabilities-reached-historic-peak-2017/

また、広い意味でいえば脆弱性は、ソフトウェアやハードウェアだけに内在するものではない。脆弱性はシステムを利用する人にも内在する。例えば、容易に推測が可能なパスワードを設定していること、複数のSNSで利用するパスワードとビジネスで利用するシステムのパスワードを使いまわしていることなどは、人が犯す脆弱性といえる。「対策は脆弱性に打つ」という王道からすれば、パスワードをパスフレーズ (最低10文字以上の文章) にする、あるいは多要素認証を導入することが、安易なパスワードという脆弱性に対する対策となる。

(1) 脆弱性情報の管理

では、脆弱性の情報はどこで入手すればよいのか。まずは米国のNational CSIRT (Computer Security Incident Response Team) である US-CERT (United States Computer Emergency Readiness Team) [15] を毎日チェックするとよい。US-CERTは脆弱性の採番を非営利団体であるMITRE[16] に委託しており、MITREは脆弱性にCVE (Common Vulnerabilities and Exposures) 番号 (CVE＋西暦＋シリアル番号) を付与する。[17] また、CVE番号の付いた脆弱性はインシデントレスポンスとセキュリティチームの国際フォーラムであるFIRST[18] によって作成された重要度を付与する指標CVSS (Common Vulnerability Scoring System) [19] によって、10点満点の重要度が付けられ、NISTの脆弱性管理データベース (NVD：National Vulnerability Database) [20] で管理されている。CVSSは、(1) 脆弱性の技術的な特性を評価する基準 (基本評価基準：Base Metrics)、(2) ある時点における脆弱性を取り巻く状況を評価する基準 (現状評価基準：Temporal Metrics)、(3) 利用者環境における問題の大きさを評価する基準 (環境評価基

---

15) https://www.us-cert.gov/
16) https://www.mitre.org/
17) https://cve.mitre.org/
18) https://www.first.org/
19) https://www.first.org/cvss/
20) https://nvd.nist.gov/

表3-3

CVSS ver3.0 深刻度レベル

深刻度	スコア
緊急	9.0〜10.0
重要	7.0〜8.9
警告	4.0〜6.9
注意	0.1〜3.9
なし	0

準：Environmental Metrics）を順番に評価していくことで、脆弱性の深刻度を0（低）〜10.0（高）の数値で表す[21]（表3-3）。

9.0以上がCritical（緊急）であり、緊急の脆弱性が発見された際は、速やかにパッチを適用すべきである。

2017年に米国の信用調査会社Equifaxで起きた最大1億4790万人分の個人情報流出事件では、オープンソースのWEBアプリケーションフレームワークであるApache Struts 2の脆弱性（CVE-2017-5638：CVSS10.0緊急）が悪用された。2017年3月6日Apache Strutsプロジェクトはこの脆弱性に対するパッチをリリースし、ユーザーへ直ちに更新することを勧告した。3日後の3月9日にEquifaxの情報システム部門は内部アラートを発行し、社内で利用するApache Struts 2に対し48時間以内に更新することを指示した。しかしながら、翌日3月10日に攻撃者はこの脆弱性を利用してEquifaxを攻撃し、その後3ヵ月にわたり、大量の個人情報を窃取したのだった。このケースを見れば、パッチリリース後わずか4日後に攻撃されたことが分かる。緊急の脆弱性は、とにかく速やかにパッチをあてることが必要であるという事例であった。

21）https://www.ipa.go.jp/security/vuln/CVSSv3.html

図3-6

JVN iPediaに掲載される脆弱性情報の例

最終更新日	データベース登録番号	タイトル	CVSSv3
2019/04/02 New	JVNDB-2019-002087	Android における境界外書き込みに関する脆弱性	8.8(重要)
2019/04/02 New	JVNDB-2019-002086	Android のカーネルにおける二重解放に関する脆弱性	7.8(重要)
2019/04/02 New	JVNDB-2019-002085	Android におけるリソースの枯渇に関する脆弱性	5.5(警告)
2019/04/02 New	JVNDB-2019-002084	Android における不十分なランダム値の使用に関する脆弱性	7.5(重要)
2019/04/02 New	JVNDB-2019-002083	Android における境界外読み取りに関する脆弱性	6.5(警告)
2019/04/02 New	JVNDB-2019-002082	Android における情報漏洩に関する脆弱性	5.5(警告)
2019/04/02 New	JVNDB-2019-002081	Android における認可・権限・アクセス制御に関する脆弱性	8.8(重要)
2019/04/02 New	JVNDB-2019-002080	Android における整数オーバーフローの脆弱性	7.8(重要)
2019/04/02 New	JVNDB-2019-002079	Android における競合状態に関する脆弱性	7.5(重要)
2019/04/02 New	JVNDB-2019-002078	Android におけるバッファエラーの脆弱性	8.8(重要)
2019/04/02 New	JVNDB-2018-014661	Firefox ESR および Thunderbird におけるバッファエラーの脆弱性	8.8(重要)
2019/04/02 New	JVNDB-2018-014660	Firefox および Thunderbird におけるバッファエラーの脆弱性	9.8(緊急)
2019/04/02 New	JVNDB-2018-014659	Apache Airflow におけるクロスサイトスクリプティングの脆弱性	5.5(警告)

　日本においては、米国の脆弱性データベースの情報が独立行政法人情報処理推進機構（IPA）とJPCERTコーディネーションセンターにわたり共同でJVN（Japan Vulnerability Notes）iPedia[22]として管理されている（図3-6）。また、日本国内で使用されているソフトウェアなどの脆弱性関連情報は、JVN脆弱性対策情報ポータルサイトとして管理されている[23]。日本国内における脆弱性関連情報の受付と安全な流通を目的とした「情報セキュリティ早期警戒パートナーシップ」[24]を2004年7月よりJPCERT コーディネーションセンターとIPAが共同で運営している。

---

[22] https://jvndb.jvn.jp/index.html
[23] https://jvn.jp/index.html
[24] https://www.ipa.go.jp/security/ciadr/partnership_guide.html

図3-7

JVN iPediaで使用されるCWEの階層構造

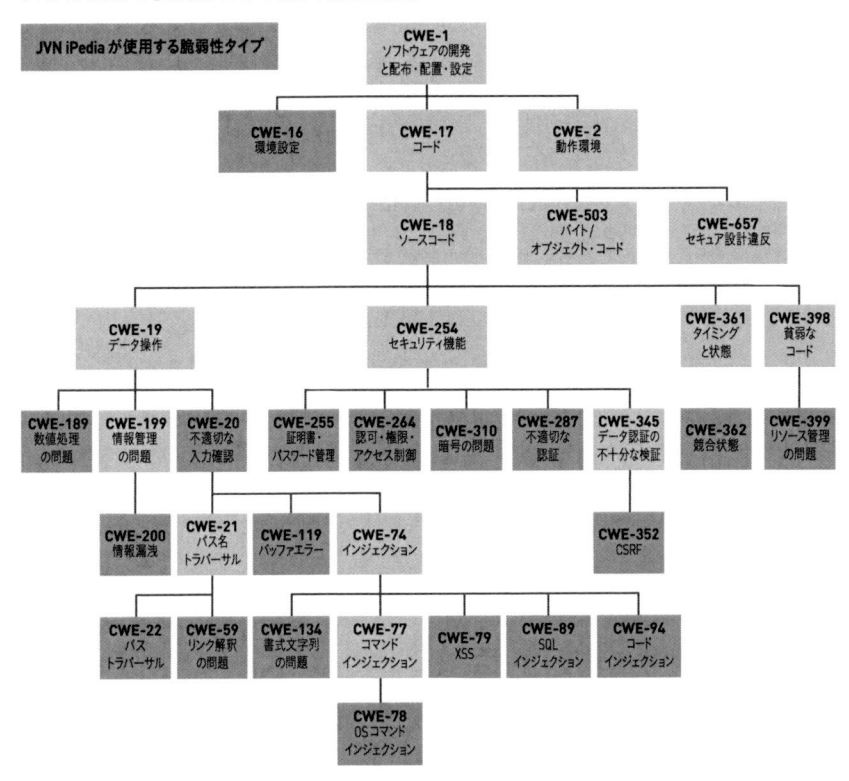

出典：https://www.ipa.go.jp/files/000017658.png

（2） ソフトウェアの脆弱性

　ソフトウェアの脆弱性は、共通脆弱性タイプ一覧CWE（Common Weakness Enumeration）として、ソフトウェアにおけるセキュリティ上の弱点（脆弱性）の種類を識別するための共通の基準のもとでカテゴライズされている。これは米国政府の支援を受けた非営利団体のMITREが中心となり仕様策定が行われ、2008年9月9日にCWEバージョン1.0が公開された。2008年10月に

は日本のJVN iPediaもMITRE社へCWE互換を宣言した。

図3-7がCWEの階層構造である。

表3-4に、知っておくべき主要な脆弱性の種類を説明する。

表3-4

主要な脆弱性の種類

CWE	概要
バッファオーバーフロー （CWE-119）	最悪の場合は対象のパソコンなどを乗っ取ることもできる、危険性の高い脆弱性。メモリー領域にその容量を超える文字列を送ることでバッファ領域をあふれさせ、任意の命令を実行させるもの。
クロスサイト・スクリプティング （CWE-79）	掲示板などのページに、悪意のあるページを表示されてしまう脆弱性。この脆弱性が悪用されると、掲示板に悪意のあるスクリプト（命令文）を含む文字列を書き込まれると、別のユーザーが掲示板を見たときに不正なページを表示される可能性がある。
認可・権限・アクセス制御不備 （CWE-264）	アクセス制御には、IDとパスワードなどによる「ユーザー認証」と、そのユーザーに対して権限を制御する「アクセス認可」の2種類がある。この部分に脆弱性があると、ユーザー認証やアクセス認可を回避してログインされる可能性があり、企業などの社内システムに不正アクセスされたり、機密情報を盗まれるなどの被害に遭う可能性がある。
不適切な入力確認 （CWE-20）	入力エリアにプログラムの実行コードを入力され、それが実行されてしまう脆弱性。この脆弱性が悪用されると、スパムメール送信の踏み台にされたり、別のプログラムを勝手に動作させられるなどの影響を受ける可能性がある。
SQLインジェクション （CWE-89）	データベースと連携したWebアプリケーションの場合、脆弱性があると、WebアプリケーションへのリクエストにSQL文（データベースを操作する命令）を組み込むことで、外部からデータベースを操作され、情報を盗み出される可能性がある。

2004年4月21日に米国の非営利慈善団体として設立されたOWASP（Open Web Application Security Project）[25]は、信頼できるアプリケーションを構想、開発、取得、運用、および保守できるようにすることを目的としたオープンコミュニティである。OWASP CWEを基に、脆弱性のOWASP Top Ten[26]を作成している（表3-5）。

25）https://www.owasp.org/index.php/About_The_Open_Web_Application_Security_Project

26）https://www.owasp.org/index.php/Category:OWASP_Top_Ten_Project

表3-5

OWASP脆弱性Top10　2013年版2017年版遷移

OWASP Top 10 - 2013		OWASP Top 10 - 2017
A1 - インジェクション	→	A1:2017- インジェクション
A2 - 認証の不備とセッション管理	→	A2:2017- 認証の不備
A3 - クロスサイトスクリプティング（XSS）	↘	A3:2017- 機微な情報の露出
A4 - 安全でないオブジェクトへの直接参照[A7とマージ]	U	A4:2017-XML 外部エンティティ参照（XXE）[NEW]
A5 - 不適切なセキュリティ設定	↘	A5:2017- アクセス制御の不備 [マージ]
A6 - 機微な情報の露出	↗	A6:2017- 不適切なセキュリティ設定
A7 - 機能レベルのアクセス制御の不足 [A4とマージ]	U	A7:2017- クロスサイトスクリプティング（XSS）
A8 - クロスサイトリクエストフォージェリ（CSRF）	X	A8:2017- 安全でないデシリアライゼーション[NEW,コミュニティ]
A9 - 既知の脆弱性のあるコンポーネントの使用	→	A9:2017- 既知の脆弱性のあるコンポーネントの使用
A10 - 未検証のリダイレクトと転送	X	A10:2017- 不十分なロギングとモニタリング[NEW,コミュニティ]

出典：OWASP Top10[27]

（3）　IoTの脆弱性

　IoT時代において、脆弱性は情報システムに限られるものではない。Akamaiの研究チームによると、サイバー犯罪者たちはルーターの一般的な機能であるUPnP（Universal Plug and Play）を悪用しているという。サイバー犯罪者はルーターをプロキシにしてBOTネットのトラフィックを経由させている。不正アクセスのあったルーターはおよそ6万5000台、悪用の懸念があるルーターの台数は全世界で480万台以上に上るという。73のメーカーの400以上のデバイスが脆弱性を指摘されている。

　自動車も今ではネットに常時つながる時代になってきている。ドイツ車の車載ユニットに14件もの脆弱性が存在していることを、中国テンセントのサイバーセキュリティの研究部門であるKeen Security Labの研究者たちが発

27）　https://www.owasp.org/images/2/23/OWASP_Top_10-2017%28ja%29.pdf

見した。発見された脆弱性のうち6件については、車両に触れることなく遠隔で自動車を操作できるものであり、危険性の高い脆弱性であると報告されている。報告された脆弱性のうち8件がUSBポートを使用するなど、何らかの物理的なアクセスを必要とするもので、悪意のある人物によって意図的に細工されない限り、影響を受けることはないとされている。しかし、残りの6件は、Bluetoothもしくは携帯電話などの通信に使用するセルラーネットワークを介して悪用できるもので、走行中の車であっても悪意をもった人物に乗っ取られる可能性があるという。

第4章 多種多様な既知のサイバー攻撃とその技術的対応策

4.1 サイバーセキュリティの基本的枠組み

そもそも、サイバーセキュリティに教科書はあるのか？　サイバーセキュリティといっても多種多様な考え方や対応策があるのはどういうことなのか？　多くの方が疑問を感じておられるだろうと推察する。そのような状況下にあるのは、日本国内においてサイバーセキュリティの基本的な枠組みが定義されていないからである。そこで本章では、グローバル基準で定義されている言葉や基本的な枠組みの基礎を学ぶことにより、正確にサイバーセキュリティに取り組めるようにしたい。読者にはセキュリティのことを正しく理解してもらいたいと願い、解説を進めることとする。

第3章でも触れたが、米国では2014年にNISTがオバマ大統領令Executive Order 13636, "Improving Critical Infrastructure Cybersecurity.[1]" に基づき、The Framework for Improving Critical Infrastructure Cybersecurity[2]（重要インフラストラクチャのサイバーセキュリティ改善のフレームワーク）を発行した。これは通称NISTのサイバーセキュリティフレームワーク（NIST CSF）と呼ばれる、セキュリティに取り組むためのアプローチを体系化したものである。4年経

---

1) https://obamawhitehouse.archives.gov/the-press-office/2013/02/12/executive-order-improving-critical-infrastructure-cybersecurity

2) https://www.nist.gov/cyberframework

図4-1

NIST CSFが出る前と後

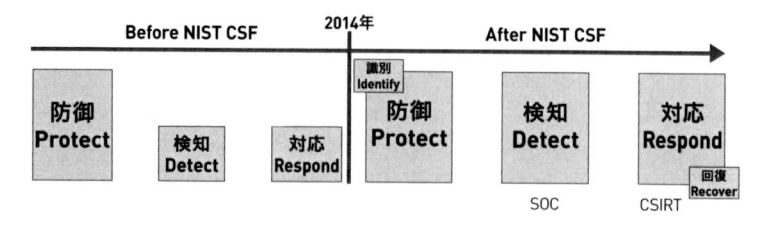

過した2018年4月16日には改訂版Ver 1.1が公表されている。5年が経過した現在、米国の重要インフラストラクチャ企業だけでなく、米国連邦政府機関、民間企業においてもNIST CSFに即したサイバーセキュリティへの取り組みが進んでいる。また米国以外の世界中の組織や企業が、NIST CSFを導入し始めている。我が国においてもNIST CSFを参考にした制御システムのフレームワークを経済産業省が策定しており、NIST CSFはサイバーセキュリティに取り組む際の、スタンダードといえるであろう。

NIST CSFが発出された2014年を境に、サイバーセキュリティへの取り組みは180度大転換を起こすことになった。2014年までのセキュリティ対策は、防御が中心であり、ほぼすべてであった。サイバーセキュリティインシデントは起こしてはならず、サイバー攻撃を受けないように徹底的に防御する。それが2014年までのサイバーセキュリティ対策であった。経営者はゼロリスクを求め、顧客情報や営業秘密情報を窃取されることはあってはならず、とにかく防御することに全力を挙げる投資活動を行ってきた。

しかしながらNIST CSFは、もはやサイバー攻撃を100%防御することは難しく、守り一辺倒の考え方は破綻しており、攻撃を受ける前提で、攻撃を受けたことをいち早く検知し、迅速に対応することで被害を最小化する活動が重要である、と説いたのである。

図4-1のように、2014年を境に防御一辺倒から、防御・検知・対応へ同等に投資する取り組みに変わったのである。

図4-2

サイバーセキュリティリスクの公式

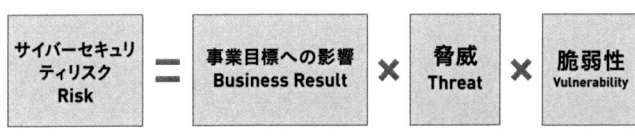

変数がゼロにならない限り、リスクはゼロにならないことが分かる
つまりゼロリスクはあり得ない

　攻撃を検知するためには、24時間365日監視を行うセキュリティオペレーションセンター（SOC）が必要であり、迅速かつ的確に対応するためには、あらかじめインシデント対応を行うための組織（CSIRT）を準備し、訓練を積んでおく必要がある。多くの組織や企業が2015年以降、SOCサービスを外部委託し、組織内にCSIRTを設立しているのはNIST CSFの影響である。

　検知・対応のプロセスを整備するためには、それを支援するツールも必要となる。攻撃を検知するためのインターネット境界センサー、組織内ネットワークで不審な通信を検知するセンサー、PCに電子メールやブラウザ経由で未知のマルウェアが侵入・活動することを検知するセンサー、などがNIST CSFに呼応するように製品化され、組織の投資先はこうした新たなソリューションへ向いている。また、各種センサーで検知した不審な活動を分析する対応活動を行うために、SIEM（Security Information and Event Management）で各種センサーから集まったログを解析するThreat Hunting（脅威分析）サービスの利用も盛んになっている。

　もう1つ、NIST CSFが説いたのは、100％防御するのは難しいことを論理的に説明した点である。第3章でも提示した図4-2の公式がそれである。

　NIST CSFは、サイバーセキュリティリスクが発生する可能性は、脅威と脆弱性の掛け算で決まると説明した。第3章で説明したように、脅威はゼロにはならず、脆弱性もゼロにはできないため、サイバーセキュリティリスクが発生する可能性はゼロにはならないのである。

　この公式により米国の多くの経営者は、ゼロリスクを求めることを諦めざ

るを得なくなった。逆にサイバーセキュリティリスクがあるならば、経営として適切に投資を行い、リスク管理を行う義務があることを認識するに至った。サイバーセキュリティリスクに対する経営者としての説明責任を明確に負わされることになったのである。

　あらためてNIST CSFの概要を見てみよう。
　そもそもは、米国の重要インフラ企業のサイバーセキュリティを改善するためのフレームワークとして策定されたが、その後米国連邦政府機関が採用し、現在は民間企業へも適用を促している。特徴は、「フレームワーク（枠組み）」であること。実際の具体的なセキュリティ対策などは、他の既存の規格や基準を参照する形を取る。
　参照基準の例としては、COBIT、ISO/IEC、NIST SP-800、ISA/IEC、CISなどがある。
　5つの機能プロセスを回すことで、サイバーセキュリティ成熟度を上げていく（表4-1）。
　（1）　識別：システム、資産、データ、機能に対するサイバーセキュリティリスクの管理に必要な理解を深める。
　（2）　防御：重要インフラサービスの提供を確実にするための適切な保護対策を検討し、実施する。
　（3）　検知：サイバーセキュリティイベントの発生を検知するための適切な対策を検討し、実施する。
　（4）　対応：検知されたサイバーセキュリティイベントに対処するための適切な対策を検討し、実施する。
　（5）　復旧：レジリエンスを実現するための計画を策定・維持し、サイバーセキュリティイベントによって阻害されたあらゆる機能やサービスを復旧するための適切な対策を検討し、実施する。
　次に、日本語でサイバーセキュリティを説明する限界や難しさを見ていこう。
　サイバーセキュリティは主に米国をはじめとする英語圏でフレームワー

表4-1

NIST CSF機能一覧

機能の識別子	機能	カテゴリーの識別子	カテゴリー
ID	識別	ID.AM	資産管理
		ID.BE	ビジネス環境
		ID.GV	ガバナンス
		ID.RA	リスクアセスメント
		ID.RM	リスクマネジメント戦略
		ID.SC	サプライチェーンリスクマネジメント
PR	防御	PR.AC	アイデンティティ管理とアクセス制御
		PR.AT	意識向上およびトレーニング
		PR.DS	データセキュリティ
		PR.IP	情報を保護するためのプロセスおよび手順
		PR.MA	保守
		PR.PT	保護技術
DE	検知	DE.AE	異常とイベント
		DE.CM	セキュリティの継続的なモニタリング
		DE.DP	検知プロセス
RS	対応	RS.RP	対応計画の作成
		RS.CO	コミュニケーション
		RS.AN	分析
		RS.MI	低減
		RS.IM	改善
RC	復旧	RC.RP	復旧計画の作成
		RC.IM	改善
		RC.CO	コミュニケーション

出典：https://www.ipa.go.jp/files/000071204.pdf

ク、ガイドライン、スタンダード、ソリューション、などのルールが開発されている。NISTのCSFも米国で開発されたフレームワークだ。私たち日本人は日本語でサイバーセキュリティを語る際に、元々英語であった言葉を日本語へ翻訳して理解するわけだが、そこに大きな齟齬が生まれる可能性がある。例えば、フレームワークひとつとっても、日本語で枠組みと言われ、すぐにピンと来る人はどれだけいるだろうか。

　サイバーセキュリティを学ぶ際に、英語ではAwareness（アウェアネス）という単語を使う。これが日本語になりづらい言葉なのだ。現在NISC（内閣サイバーセキュリティセンター）3）では、「意識啓発」という言葉で説明している。ところが米国人がAwarenessと聞いてイメージするのは、推理して判断する能力のことである。つまりAwarenessという単語は、日本語では1語で表現できない意味をもっている。推理＋判断。どうだろうか？　意識啓発と推理＋判断では、まったくニュアンスが異なるのではないだろうか。

　米国のサイバーセキュリティ教育Awareness Trainingでは、様々なサイバーセキュリティ状況（シナリオ）の下で、リスクを推理して自分が取るべき行動の判断を下すトレーニングを行う。一方、意識啓発のトレーニングを行う日本では、サイバーセキュリティリスクの怖さを教え、セキュリティ対策の重要性を知ってもらい、日々の行動で気を配る意識を向上させるトレーニングを行う。まったく次元の異なるトレーニングになってしまっているのだ。

　他にも、致命的に日本語の語彙の不足が表れる言葉がある。

　英語では、情報が漏洩したことを、BreachとLeakという2種類の言葉で表現する。この2語の違いは、Breachは確かに情報が外部に漏れた状況であるが、漏れた情報は盗んだ犯人だけが保有している状態である。一方Leakは情報が外部に漏れただけではなく、その情報がダークウェブや掲示板などに掲載され、盗んだ犯人以外の第三者も情報にアクセスできる、"ダダ漏れ状態"を指す。第3章で説明したように、国家の支援の下で諜報活動の一環と

3）　https://www.nisc.go.jp/

して行われるサイバー攻撃者による情報漏洩は、Breachで表現される。他方、金銭化を目的としたサイバー犯罪者の攻撃による情報漏洩は、Leakで表現される。この大きな違いを、日本語では区別して表現する言葉がないのである。日本語では、どちらも情報漏洩である。

米国では、BreachとLeakでは、事後の対応がまったく異なる。Breachの場合は、情報を窃取されたことは痛いが、実害がないため、ほとんど問題視されない。ところが、Leakの場合には、漏れた情報を悪用され二次被害が生じる可能性もあり、代表訴訟（クラスアクション）による巨額損害賠償問題に発展する可能性すらある。2015年に起きた日本年金機構の個人情報漏洩事案の際、日本のある新聞社の英字版がLeakという単語を使ってしまい、海外に誤った情報が伝わってしまったことがあった。年金機構の漏洩はBreachと表現すべき事案であった。

ちなみに、情報が漏洩したかどうかは不明だが、とにかく何かしら攻撃を受けて、システムに侵入されてしまった状況を、英語ではCompromiseという単語で表現する。この言葉は最近サイバーセキュリティで使われるようになった単語であり、従来は契約の際に妥協するという意味であった。

米国人は従来からCompromiseをどのような場面で使用していたかといえ
ば、暴行事件などで怪我を負わされた際にCompromiseを使っていた。もっとも日本語表現で近い言葉は、「やられちゃった」である。サイバーセキュリティでも攻撃者に何かしらを「やられちゃった」というニュアンスである。現在多くのサイバーセキュリティ関連の書き物は、Compromiseを侵害と訳しているが、ニュアンスは遠い。「やられちゃった」が最も原語に近いニュアンスである。IOC（Indicator Of Compromise）というセキュリティ用語がある。これは、日本語でいえば「やられちゃった」程度のことをいう。つまり、サイバーセキュリティ攻撃を受けて、どこまで「やられちゃった」のかを示す程度を指標として標準化し、IOCを共有することで、脅威を識別するのに役立つのではないか、というものだ。

まだまだ、日本語で上手く説明できない概念がある。サイバーセキュリティでは多重防御することが大切であると言われる。ところが英語では、多

重防御も2つの言葉で2つの概念としてとらえられている。Multi Layeredと Defense in Depthである。Multi Layeredは多層防御と訳すことができるだろう。物理層→ネットワーク層→OS層→アプリケーション層→プロセス層といったレイヤーごとに多重（多層）にセキュリティ対策を取ることを指す。他方Defense in Depthは深層防御と訳すことができるだろう。これは日本でいえば城の考え方が当てはまる。守らなければならない天守閣を一番深い場所に置き、堀、外壁、狭間、石落とし、階段などで防御していく方法である。サイバーセキュリティでいう深層防御は、守りたいデータを一番奥に置き、ネットワーク構成を多段にし、ネットワーク間にファイアウォールを設置して、仮に内部へ侵入されても、データへなかなかたどり着けないような構成を取る。

FlawとVulnerabilityの違いは、第3章で説明したとおりであるが、おさらいする。まず誰かがシステムの欠陥を発見する。この段階で使われる言葉はFlaw。次に誰かがその欠陥を攻撃するツール（エクスプロイトコード）を開発すると、使われる言葉はVulnerabilityに変わる。

これまで見てきたように、サイバーセキュリティを日本語で扱うのは、とても難しい。少なくとも同じ組織の中では、コミュニケーションに齟齬を来さないように、共通言語（Common Language）や共通認識（Common Understanding）を保つことが大切である。

4.2　サイバー攻撃の種類を知っておこう

サイバー脅威は第3章で説明したが、その脅威が行う攻撃にはいくつかの種類がある。

ここでは、ここ数年大きな被害を出しているインシデント事例から、6つのカテゴリーに分類して、主要な攻撃を説明する。

まず1つ目は、脆弱性を突いた攻撃である。脅威は国家の支援を受ける攻

撃者、サイバー犯罪者、ハクティビストなどを問わず、脆弱性を突いた攻撃をしかける。2017年に米国信用調査会社Equifaxで発生した1億4790万件の個人情報漏洩事案は、Apache Struts 2の脆弱性を突かれたものであった。日本においても、2017年4月13日総務省政府統計システム「地図による小地域分析（jSTAT MAP）」においてApache Struts 2の脆弱性を突いた不正アクセスが発生し、登録者約2万3000人分の個人情報が流出した。また2017年5月12日発生したランサムウェアWannaCryの感染はWindows OSの脆弱性を突いた攻撃であった。

　第3章で説明したように脆弱性は毎日40件以上が新たに見つかっている。脆弱性の指標CVSSで9.0以上の緊急と評価されたものには、速やかにパッチプログラムを適用すべきである。攻撃者は日々、インターネットにつながるシステム機器をスキャンして、OSやWebアプリケーションのバージョンや脆弱性パッチの適用の有無を調べ上げている。脆弱性を放置すれば、間違いなく攻撃されるであろう。脆弱性管理は、システム運用に負荷となることから、手を抜いてしまいがちだが、脆弱性管理ツールに投資して、パッチ適用の自動化を図ることも検討に値する。一方で、パッチをあてることによりアプリケーションシステムに悪影響を及ぼす可能性もあり、検証環境で稼働確認をした後でなければパッチを適用できない場合もある。そうした場合には、WebシステムであればWAF（Web Application Firewall）を導入し、脆弱性を突いた攻撃をファイアウォールで防ぐ手段も考えられる。サイバーセキュリティリスクはゼロではなく、攻撃される前提で、検知、対応を行う現在のアプローチにあって、防御という対応プロセスである脆弱性管理は永遠に終わりのない、地味だが最も重要なセキュリティ対策の一つである。

　2つ目は、標的型攻撃である。脅威は国家の支援を受ける攻撃者、サイバー犯罪者、などが仕掛ける標的型攻撃である。2015年5月に日本年金機構で発生した125万件の個人情報漏洩事案は、標的型メール攻撃によるものであった[4]。5月8日に2通のメールから攻撃が始まり5月20日までに計124通のメールが届いた。20日に届いた3通のメールのうち1通が開封され、

表4-2

ロッキード・マーチン・サイバーキルチェーン

プロセス	概要
①偵察	ターゲットとなる組織のWebサイトやSNS等のオープン情報から情報を収集 ソーシャルエンジニアリングなどで組織に関係のある情報を収集
②武器化	攻撃用のエクスプロイトキットとマルウェアの作成
③配送	ターゲットにマルウェアを添付したメールを送信
④初期攻撃	ターゲットに添付ファイルを開かせマルウェア（ドロッパー）を感染させる
⑤インストール	ドロッパーがC2サーバーにコネクトバックし、トロイの木馬マルウェアをダウンロードしてインストール
⑥遠隔操作	C2サーバーでPCをリモートコントロールし、追加のマルウェアをインストールし、横展開を図り感染拡大
⑦目的実行	目的の情報を探し出し、外部のサーバーへデータを送信、データを破壊 ログなどの痕跡を消去

PCがトロイの木馬マルウェアに感染した。その後外部のC2サーバーにリモートコントロールされ、個人情報を窃取された。まさに攻撃者は任務が成功するまで執拗に攻撃をしかけるAPT（Advanced Persistent Threat 高度継続的標的型攻撃）であった。

標的型攻撃は2000年代後半に見られるようになり、2009年ロッキード・マーチン社は標的型攻撃の手法をサイバーキルチェーンと命名して公表した[5]。攻撃者は目的達成のために7つのプロセスで攻めてくるというもの。①偵察、②武器化、③配送、④初期攻撃、⑤トロイの木馬をインストール、⑥遠隔操作、⑦目的実行。表4-2にそれぞれの概要を示す。

日本年金機構のインシデント対応で残念だったのは、インシデント対応を行った運用委託会社がサイバーキルチェーンを知らなかったことである。第1通目の標的型メール攻撃で添付ファイルを開封しマルウェアに感染したPCが外部のC2サーバーへ行った不正通信（コネクトバック）をNISC（内閣サイ

4）　https://www.nenkin.go.jp/info/index.files/kuUK4cuR6MEN2.pdf

5）　https://www.lockheedmartin.com/en-us/capabilities/cyber/cyber-kill-chain.html

バーセキュリティセンター）のGSOC（Government Security Operation Coordination Team）は見逃さなかった。不正通信を検知したNISCから厚生労働省経由で日本年金機構へ連絡が届き、検知から4時間以内に感染PCが特定され抜線されてマルウェアが捕獲されている。見事な検知・対応が行われたインシデント対応であった。ところが、捕獲したマルウェアを解析した運用委託会社がドロッパーだと気がつかずに、外部に情報を漏洩するタイプのマルウェアではないと年金機構へ報告し、それを聞いた年金機構が一旦収束したと判断してしまった。そのため、その後も執拗に続く標的型メール攻撃は前回と同じで、情報を漏洩するタイプではないと判断し、対応が疎かになってしまった。

　標的型メールを開封しないように、標的型メール訓練を行っても、開封率をゼロにすることは難しい。著者が経験した標的型メール訓練の結果では、平均20％〜30％のユーザーが開封してしまう。つまり標的型メール攻撃によって、マルウェアに感染する可能性はあるという前提で、検知・対応を行う必要がある。重要なことは、標的型メールを開かないように注意喚起することではなく、標的型メールを開いてしまった際はすぐさまCSIRTへ連絡することを徹底させることである。

　3つ目は、リモートログインポートに対するリスト型攻撃である。国家の支援を受ける攻撃者、サイバー犯罪者、などがリスト型攻撃をしかける。

　2018年7月9日東京にあるモノレール会社のシステムが、リモート保守用のポートを攻撃され、ランサムウェアに感染させられる事案が発生している[6]。

　インターネットに接続しているシステムを遠隔保守するために、リモートログインのポートがある場合、ユーザーIDとパスワードのリストを使い総当たり攻撃で、不正アクセスを行う攻撃がある。従来から日本の多くのシステムは常駐型もしくは駆けつけによるオンサイト保守を行ってきた。しかし

---

[6]　https://www.tama-monorail.co.jp/info/list/mt_img/180713%20press.pdf

ながら保守要員の不足や保守コスト低減のために、最近ではリモート保守が増えてきている。海外と違い、これまで日本の病院の医療システムはインターネットにつながずに独立させてきた。しかし最近ではリモート保守のためにインターネットからのアクセス口を設置するケースが増えてきている。同様に製造業の工場制御系システムもこれまではインターネットと切り離されているケースがほとんどであったが、リモート保守のためにインターネットとのインタフェースを置くところが増えている。従来は、インターネットにつながっていないから安全と思っていたところが、リモート保守のために、インターネットから攻撃される可能性が出てきてしまったのだ。

リモート保守を行う場合には、アクセス元のアドレスで制御を行う、多要素認証を行う、パスワードを推測不能なものに設定するなど、リスト型攻撃対策を適切に行う必要がある。総務省からリスト型攻撃に関する注意喚起が出ている。[7]

4つ目は、ランサムウェア攻撃である。国家の支援を受ける攻撃者、サイバー犯罪者、ハクティビスト、などがランサムウェア攻撃をしかける。

2017年5月12日に発生したWannaCryによる攻撃は全世界に大規模な損害を与えた。WannaCryは脆弱性を突いてワーム活動により感染していくタイプであったが、その他のランサムウェアは標的型メールの添付型やフィッシングURLをクリックすることによるドライブバイダウンロード型など、多種多様な感染経路がある。

ランサムウェアに感染した場合、ファイルが暗号化されて、脅迫文が表示され身代金が要求される。身代金を支払えばファイルを復号するための鍵をもらえるケースもあるが、支払ってもファイルを元に戻す保証はない。したがって、ランサムウェアに感染した場合は身代金を支払ってはいけない。あらかじめバックアップしておいたデータから復元するしかない。新手のランサムウェアは、ネットワークストレージにオンラインバックアップしている

[7] http://www.soumu.go.jp/main_content/000265404.pdf

データまで暗号化してしまうケースもあるため、バックアップはオフラインで取得しておく必要がある。

　5つ目は、DDoS攻撃である。サイバー犯罪者、ハクティビストなどがDDoS攻撃をしかける。

　2012年7月27日ロンドンオリンピックの開会式の日に電力システムへ大規模なDDoS攻撃が発生し、攻撃は40分間続いた。北米やヨーロッパの90に及ぶIPアドレスから1000万のアクセスがあったが実際には被害には至らなかったと、オリンピックCIOのGary Pennellは語っている。2016年のリオオリンピックの際は、オリンピック開始数ヵ月前から、数十ギガビット/秒から数百ギガビット/秒の大規模なDDoS攻撃がオリンピックに関連したいくつかの組織で行われてきた、とArbor Networksのセキュリティエンジニアリングレスポンスチームは語っている。当時では過去最高の540ギガビット/秒のトラフィックが発生していた。[8]

　2016年9月20日には、10万台を超えるIoT機器（ネットワークカメラやデジタルビデオレコーダーなど）がBOT化され、セキュリティジャーナリストのブライアン・クレブスのウェブサイトに対してMiraiによる攻撃が行われたが、その規模は620ギガビット/秒を超えた。また、9月27日にフランスのホスティングプロバイダ「OVH」を狙ったDDoS攻撃はピーク時で990ギガビット/秒に達していた。

　2018年3月1日ソフトウェア開発プラットフォームのGitHubに、メモリーキャッシュサーバー「memcached」を踏み台にしたリフレクション攻撃（反射増幅型攻撃）があり、ピーク時には1.35テラビット/秒のトラフィックが発生した。1秒当たり1億2690万パケットが送られた。これは2016年10月のMiraiの攻撃以来過去最大の攻撃であった。翌週には、米国に本拠を置く

8）　http://jp.arbornetworks.com/%E3%83%AA%E3%82%AA%E3%83%87%E3%82%B8%
E3%83%A3%E3%83%8D%E3%82%A4%E3%83%AD%E3%82%AA%E3%83%AA%E3
%83%B3%E3%83%94%E3%83%83%E3%82%AF%E3%81%A7%E3%80%81%E6%AF
%8E%E7%A7%92540gb%E3%81%AEddos%E6%94%BB%E6%92%83/

サービスプロバイダの顧客を標的とした1.7テラビット/秒のリフレクション攻撃が、ATLASのグローバルトラフィックおよびDDoS脅威データシステムによって記録されたと、NETSCOUT Arborはブログで公表した。[9]

DDoS攻撃は、リフレクション攻撃というトラフィックを増幅する攻撃手法が使われ始めてから、膨大なトラフィックを発生させることができるようになった。従来はMiraiのようにいかに多くのBOTを作り、パケットを送信する元の数を増やすことによってトラフィック量を増やそうとしていた。リフレクション攻撃の場合、例えばmemcachedの場合、最大約5万倍のデータを増幅できる。しかもインターネット上に無防備に公開しているサーバーを利用できるのでBOT化する必要もない。上記GitHubへの攻撃では、約30万台のサーバーが利用されたという。

こうしたリフレクション攻撃を防ぐには、送信元に対してレート制限をかける、送信元ポートをブロックする（memcachedの場合UDP 1121）、インターネット上の無防備なサーバーの脅威情報を入手してIPアドレスでブロック、などの方法を活用する。

最後に6つ目の攻撃は、内部犯行である。

2018年6月にJNSA（日本ネットワークセキュリティ協会）から出た2017年情報セキュリティインシデントに関する調査報告書[10]によると、日本国内の情報漏洩の要因は、外部からの攻撃は27%にとどまり、73%は内部要因による情報漏洩である。

グローバルでは、ベライゾンが毎年出しているデータ漏洩／侵害調査報告書[11]の2018年版によれば、内部要因は28%であり日本とは正反対になっている。

1999年5月21日、京都府宇治市の住民基本台帳のデータ21万7617件が

9） https://www.netscout.com/blog/asert/netscout-arbor-confirms-17-tbps-ddos-attack-terabit-attack-era

10） https://www.jnsa.org/result/incident/

11） https://enterprise.verizon.com/resources/reports/DBIR_2018_Report.pdf

漏洩する事件が起きた。宇治市から乳幼児検診システムの開発業務を再々委託された会社のアルバイト従業員が住民基本台帳のデータをMOディスクにコピーし、名簿販売業者に25万8000円で売却したことによってインターネット上で販売された事案である。2002年7月11日最高裁で宇治市に1人あたり1万円の慰謝料の支払いを命じる決定がセキュリティの損害賠償としては初めて下された事案でもあった。

2007年2月21日大手印刷会社で業務委託先企業の従業員が取引先のクレジットカード顧客情報約15万件分が入ったMOディスクを持ち出して情報を流出させた。その後の調査では、合計43社約864万件の個人情報を故意に流出させていたことが判明した。当時では過去最多の情報漏洩事件として社会を震撼させた。

2014年7月、大手教育サービス会社の子会社から大量の個人情報が流出した。2014年6月に、会員からの問い合わせにより発覚した。教育サービスへ登録している会員約2900万件の個人情報が漏洩した。個人情報の管理を委託されていたグループ子会社の再委託先の派遣社員の男性がスマートフォンにデータをコピーし、名簿販売業者へ売却した。会社は登録会員に対し、図書カードや電子マネーギフトによるお詫びを行い、これらの費用として約136億円の赤字を出した。

内部犯行による情報漏洩は後を絶たない。個人情報の漏洩の場合は報告義務があるため事件は明らかになるが、営業秘密情報や知的財産のような機密情報が漏洩した場合には、報告義務がないため明らかにならない。相当数の組織で内部関係者に機密情報を持ち出されていると考えて間違いないだろう。

現在、GAFA（Google、Amazon、Facebook、Appleのプラットフォーマーの総称）にMicrosoftを加えた陣営は、ゼロトラストという概念のセキュリティ対策を打ち出している。「もう何も信用しない」という考え方に基づいた、セキュリティモデルである。人も信用できない、社内ネットワークも信用できない、という性悪説を前提としたアプローチである。何も信用できないので、すべてのログ（デバイス、ネットワーク、操作、データ、トラフィックなど）を取得

し、振舞いをモニタリングして、不正な操作、不正なプロセス、不正な通信、不正なデータを洗い出し、セキュリティを守るという考え方である。

従来は、内部ネットワークは安全で、外部ネットワーク（インターネット）は危険である、という境界（Perimeter）を意識したセキュリティの保護を行ってきた。ファイアウォールや不正侵入検知装置（IDS：Intrusion Detection System）などを境界に設置して、外部から内部へ入ってくる脅威を防ごうとした。しかし境界型セキュリティでは内部犯行を防ぐことは難しい。グローバルな流動化がますます進む中、多様な従業員が頻繁に出入りするに伴い、機密情報を持ち出す事件も多発している。あらゆるリスクを前提とし、ゼロトラストは必然性のある考え方と言わざるを得ない。

日本ではこれまで性悪説を前提とする文化を導入することに抵抗感があった。しかしながら、日本も世界的な動向を後追いし、企業や組織をとりまく環境も変化にさらされざるを得ないだろう。

内部犯行を考慮した、ゼロトラストのセキュリティモデルは、日本においても今後検討すべき課題である。

4.3 検知〜対応の要となるSIEM（ログ管理ツール）を知っておこう

NISTのCSFによって、防御から検知・対応へセキュリティの取り組みは大きく転換した。この検知・対応の要となるのがSIEM（Security Information and Event Management）である。サイバーセキュリティ攻撃をいち早く検知するためには24時間365日監視を行う必要がある。監視を行う機能をSOC（Security Operation Center）という。SOCではインターネットと内部ネットワークの境界に設置するファイアウォール、不正侵入検知装置、Webプロキシサーバーなどが発するアラートを常時モニタリングする。アラートは、内部ネットワークから外部システムへ不正な通信が行われている状況や、外部システムから内部ネットワークに向けて不正なアクセスが行われている状況を表す。SOCでは、ファイアウォールやIDSなどの監視対象機器から発せら

れるアラートのログをSIEMに統合し、SIEMでアラートを分析する。SOC
で利用するSIEMに求められる機能は、リアルタイムの可視性が重要であ
る。見過ごさずにリアルタイムで検知できることが求められる。複数のログ
データをリアルタイムで収集して、高速な分析を行い、セキュリティ違反を
素早く検知することが重要である。高速分析・検索を行うには、異なるベン
ダーのログフォーマットを正規化し、一元的に格納することで可能となる。

　SOCで行う定常的な解析では、ファイアウォールで採取された通信ログ
（成功・失敗）について、通信の発生時刻、通信プロトコル、通信元、通信先
の妥当性などを分析する。また、Webプロキシサーバーで採取されたログの
中に、定期的に外部のサーバーと通信している、就業時間帯以外の時刻（出
勤前、帰宅後、打合せ中、外出中など）に外部への通信が発生している、外部に
異常な大量データを送出する通信がある、などを分析する。

　一方で、インシデントが発生した際の対応プロセスにおいてもSIEMは活
用される。対応を行う機能をCSIRT（Computer Security Incident Response Team）
という。CSIRTでは、インシデントが発生した際にSIEMを活用し、インシ
デントの5W1Hを調査する。いつ、どこで、どの端末で、どのようなこと
が起こっているのかを調査する。CSIRTで利用するSIEMに求められる機能
は、インシデントの問題事象、影響度、原因の可視性が重要である。統計
的、視覚的、行動的、探索的解析を実施できることが必要となる。サイバー
攻撃や悪意のある行動を検知し、迅速に脅威を特定して対処できることが重
要である。また、CSIRTはSOCよりも広範な機器のログを分析し、あらゆ
るデータとデータソースにアクセスすることにより重要なコンテキスト（状
況）を見極められることが重要である。CSIRTのSIEMは的確に、柔軟に、
迅速に対応できることが求められる。

　CSIRTがインシデント対応で行う解析では、メールサーバーのログを分
析し、疑わしいと報告されたメールと同じ送信元や添付ファイル名をもつ
メールの受信記録が他にないかを調べる。C2サーバーのURLが分かってい
れば、Webプロキシサーバーのログで不正通信があるかどうかを分析する。

C2サーバーのIPアドレスだけしか分かっていなければ、Webプロキシサーバーのログに加えて、ファイアウォールの内部から外部に対する通信ログなどを分析する。マルウェアに感染したPCから、組織外あるいは組織内の許可されていないセグメントなどへの不審なアクセスがないか、セグメント間ファイアウォールのログを分析する。組織内で利用しないブラウザなどのUser-AgentやCONNECTメソッドを使った外部のサーバーへのアクセスがあるかどうか、Webプロキシサーバーのログを分析する。アカウント認証の失敗がないか、普段と異なるアカウントの利用がないか、認証サーバーのログを分析する。組織外に向けた著しく大量のデータの送信が行われていないか、Webプロキシサーバーのログを分析する。

　最近では、従来のセキュリティ対策を回避する攻撃も登場し、攻撃されていることに気が付かない事例も出てきた。そこでCSIRTは平時からログをモニタリングし、積極的にインシデントを発見する活動を行うようになっている。この機能をThreat Hunting（脅威分析）という。CSIRTを設置するに際し、万が一インシデントが起きた場合に対応するための組織であれば、インシデントが発生しないと仕事がないわけで、兼務ではなく専門の従業員を置きづらい。有事の際だけでなく平時からThreat Huntingを職務とすれば、専担の従業員を設置することに合理性が伴う。Threat Huntingはセキュリティへの取り組みを社内（特に経営層）で認めてもらえ、セキュリティへの投資からのリターンを可視化することができるタスクである。ログデータから平時のイベントを可視化することによって、社内組織の本部・部ごとの不審メールの着信率を比較したり、本部・部ごとのURLフィルターの検知率を比較したり、本部・部ごとの時間外のシステム認証数を比較したりすることで、部門ごとのIT利用の実態が比較され、各本部門長（役員クラス）はセキュリティへの感度が高くなる。また、兆候を把握することで、本格的な攻撃に備えることができる。さらには、隠れていたインシデントを炙り出せる。これが平時にCSIRTが行うThreat Hunting活動である（図4-3）。

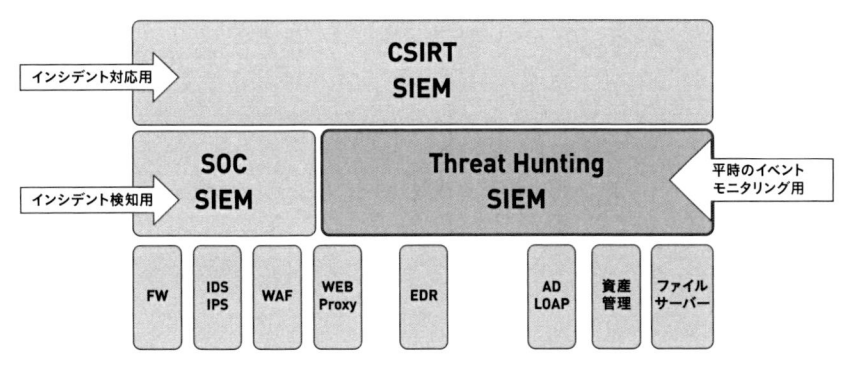

図4-3

SOC、CSIRT、Threat Hunting で利用するSIEM

4.4 ▶ サイバーセキュリティの対策を知っておこう

　サイバーセキュリティの技術的対策は、大きく3つの領域で行われる。内部ネットワークと外部ネットワーク（インターネット）の境界（Perimeter）を防御するゲートウェイ防御、内部ネットワーク上で不審な通信を検知するネットワーク防御、PCやサーバー機器（エンドポイント）を防御するエンドポイント防御である。

　標的型攻撃が登場する2000年代中頃までは、ゲートウェイ防御がセキュリティ対策の中心であった。ファイアウォール、不正侵入検知装置（IDS：Intrusion Detection System）を境界（Perimeter）に設置して、外部からの不正アクセスを防御してきた。またエンドポイント防御としてアンチウイルスソフトウェアを端末に導入し、パターンファイル方式のエンドポイント防御を行ってきた。

　ところが標的型攻撃が出てきてから、従前の対策だけでは守り切れないことになり、ネットワーク防御、エンドポイント防御が登場してきた。標的型メール攻撃では、マルウェアが電子メールの添付ファイルとして、ゲート

ウェイを飛び越えていきなり内部ネットワークのPC端末に届いてしまう。添付ファイルを開いてしまえば、マルウェアに感染し、外部のC2サーバーにリモートコントロールされ、内部ネットワークを偵察され、重要情報が外部へ送信されてしまう。感染したマルウェアが新種や亜種であれば、PC端末にインストールしているアンチウイルスソフトウェアでは検知できないのだ。

　こうした状況で、まず出口対策が注目される。つまり電子メールを利用し内部に入り込んだマルウェアが外部のC2サーバーと通信することをインターネットの出口で遮断しようとするものである。具体的には、内部のマルウェアが外部のC2サーバーと接続するHTTP通信をWebプロキシで遮断しようとするものや他のプロトコルであれば、アプリケーション層までの通信内容を見て不正な通信を遮断する次世代型ファイアウォールなのである。

　次に、エンドポイントのアンチウイルスソフトウェアではマルウェアを検知できないことから、内部ネットワーク上にサンドボックス環境を作りその中でマルウェアを動かすことにより、挙動からマルウェアであることを検知するサンドボックス製品が登場する。

　さらには、内部ネットワークの通信をモニタリングし、不審なトラフィックを炙り出すネットワーク防御製品が登場する。そしてこの2〜3年に新たなエンドポイント防御製品が登場した。EDR（Endpoint Detection and Response）である。EDRが従来型のアンチウイルスソフトウェアと異なるのは、シグニチャ（ウイルス定義ファイル）によるパターンマッチングではなく、端末で稼働するすべてのプロセスの動き、ファイルへのアクセス、ネットワークセッション、レジストリ更新のログを取得する。そのログを解析することにより、端末内で起きていることをすべて可視化することで、サイバーキルチェーンの全体にわたるサイバー攻撃への検知、対応、復旧が行えることにある。

　先に触れた、ゼロトラストセキュリティは、EDRが前提となる。逆にいえばEDRが登場したことにより、端末内のすべての動きが可視化できることになったため、端末を誰が利用しようが、マルウェアに感染しようが、す

べてを把握でき、検知・対応できるようになったのだ。

第 5 章　新たな取り組みと日々巧妙化する未知のサイバー攻撃への技術的対応策

5.1　Compromise（侵害）後の影響範囲を最小化する最先端の取り組み

　ファイルレス攻撃という、端末にインストールされたアンチウイルスソフトでは検知されないマルウェアによる攻撃手法がある。アンチウイルスソフトは、端末のディスクに保存されたマルウェアのファイルを検査して、マルウェアと認知すれば当該ファイルを駆除する。ファイルレス攻撃は、マルウェアの機能をもったスクリプトをダウンロードさせると、すぐさまメモリー上でコマンドプロンプト[1]やPowerShell[2]といったWindows OSに標準で付属しているアプリケーションを稼働させる。ディスクにはファイルが保存されないため、アンチウイルスソフトウェアでは攻撃を検知できない。

　そこで登場したのが、EDR（Endpoint Detection and Response）である。EDRはメモリー上で稼働するすべてのプロセスのログを取得する。かつてのPCではとても重たい処理のため実現は難しかったが、最近のPCは処理性能が向上し、すべてのプロセスのログを取得してもパフォーマンスに与える影響は軽微となったのだ。すべてのプロセスのログを取るということは、マルウェアの動きもすべてログに取られることになる。このログを分析すること

---

1)　コマンドプロンプト：コマンドと呼ばれる命令文（ipconfig、netstatなど）を用いて
　　Windowsの操作や設定を行う標準ツール
2)　PowerShell：Windowsに標準搭載のコマンドラインインターフェース（CLI）シェルお
　　よびスクリプト言語

図5-1

Sqrrl社の脅威分析グループ

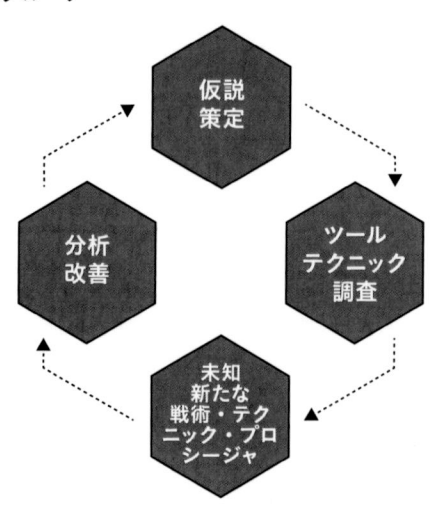

で、通常使用するアプリケーションソフトウェアではあり得ない動き、例えば、子プロセスを多発する、プロセスハロウィング[3] を行う、Heaven's Gate[4] を使う、などのマルウェアならではの動きを発見することが可能となる。これがThreat Hunting（脅威分析）である。

　米国でThreat HuntingのリーディングカンパニーであるSqrrl社[5] はThreat Huntingのホワイトペーパー「A Framework for Cyber Threat Hunting」[6] を出している。これによれば、脅威分析の定義は、「既存のセキュリティソリューションを回避する高度な脅威を検出して隔離するために、積極的かつ

3）　プロセスハロウィング：Windowsの正規プロセスの中身をマルウェアと入れ替えることでマルウェアを隠蔽する手法

4）　Heaven's Gate：Windows OS 64ビット版で32ビットのマルウェアを稼働させるテクニック

5）　Sqrrl社：2012年NSAをルーツに設立されたビッグデータ解析を専門とする会社。2018年1月にAWSに買収された

6）　http://sqrrl.com/media/Framework-for-Threat-Hunting-Whitepaper.pdf

反復的にネットワークを検索するプロセスである」。また、同ホワイトペーパーには、「脅威の分析は、SIEM（Security Information and Event Management）のような自動化されたシステムに頼るのではなく、手作業とマシンによって支援されるテクニックで構成されている。SIEMが発するアラートは重要であるとはいえ、検出プログラムの唯一の焦点ではない」と記載されている。このように、人の手でログとログの相関分析を繰り返し、潜んでいる攻撃を炙り出すのが、脅威分析である。

　Sqrrl社による脅威分析は、攻撃の仮説を立て、ツールとテクニックを使って調査を行う、未知の新たなTTP（Tactics, Techniques and Procedures）を発見し、分析を行い、分析プロセスの改善を行い、次の仮説検証を行う。このループを繰り返すことにより、脅威を炙り出していく（図5-1）。

　主に人手で脅威を洗い出していく脅威分析に対して、AIを駆使して人間の行動パターンを調べて、アルゴリズムと統計分析を適用することで、それらの行動パターンから意味のある異常、つまり潜在的な脅威を検出する手法がある。米国のリサーチ会社Gartner[7]が提唱したUser and Entity Behavior Analytics（UEBA）である。

　UEBAは、脅威分析がデバイスやセキュリティのイベントを追跡する代わりに、システムのユーザーを追跡する。UEBAではまず組織の通常状態をモニタリングして、平時のユーザーの動作を収集し、ベースラインを学んでいく。そして、そのベースラインとは異なるユーザーの動きを検知するとアラートをあげる。

　具体的に検知するユーザーの行動については、セキュリティ会社マカフィー[8]によると、表5-1のとおりである。

　UEBAがユーザーの振舞いを学習し分析する主なデータは、エンドポイントログ、ネットワークログ、Active Directoryの認証ログ、Webプロキシのログ、データベースのログなどである。

7）　https://www.gartner.com/reviews/market/user-and-entity-behavior-analytics
8）　https://blogs.mcafee.jp/user-entity-behavior-analytics

表5-1

リスクの高い可視化される活動

可視化されるリスクの高い活動の例
●アカウントの不正使用
●侵害されたアカウントやホスト
●データ/情報の漏洩
●内部ネットワークの偵察
通常から逸脱した活動 ●通常とはかけ離れたデータ量の発生 ●通常アクセスしないデータへのアクセス ●勤務していないはずの地域からのアクセス ●通常勤務しない時間帯の作業実施

　攻撃があったことを速やかに検知して対応するためには、人手による脅威分析とAIを駆使したUEBAを合わせることで、影響を最小化することが可能となる。大きな組織で、資金が潤沢だったり、これらの機能を内部要員で実施できる場合を除き、多くの組織では高度な技術を要する脅威分析や高価なUEBAツールを独自に導入することは難しいだろう。そこで登場するのが、MSS（Managed Security Service：マネージドセキュリティサービス）である。調査会社IDC Japanは2019年4月4日、世界全体におけるセキュリティ投資予測を発表した[9]。2019年に最大の支出が見込まれる技術カテゴリーは、MSSとのこと。24時間体制の監視とセキュリティオペレーションセンターに、210億ドル以上が費やされる見通しである。

　サイバーセキュリティ運用の大切さが、やっと認められてきた証左である。これまでは、サイバーセキュリティの防御を中心にした事前の予防活動に投資が偏っていたが、今後は検知・対応という運用サービスに投資を振り分けていくことが明らかになったわけだ。

9）　https://www.idc.com/getdoc.jsp?containerId=prJPJ44976319

5.2 米国連邦政府に見る 最先端のサイバーリスク低減活動

　第3章で紹介したNIST CSFはリスクアプローチでサイバーセキュリティに取り組む枠組みとなっている。PDCAのPlan（企画）の中で実施するリスクアセスメントにより組織に残存するサイバーリスクを洗い出し、その年度の対策に優先順位を付けて施策を実施する。これを毎年繰り返していくことは実際のところ組織の業務現場に大きな負担が伴うことになる。米国の連邦政府はリスクの低減を自動化する取り組みを2013年からスタートしている。

　CDM（Continuous Diagnostics and Mitigation：継続的な診断と緩和）[10]と呼ばれるプログラムは、DHS（米国国土安全保障省）が、米国連邦政府のサイバーセキュリティ問題に対してプロアクティブな対策を施すことを目的に策定した。多くのサイバー攻撃は、ITシステムの基本的な脆弱性（Vulnerability）を突いてくる。CDMプログラムはこの点に着目し、年に1回のリスクアセスメントで脆弱性に関するリスクを把握するのではなく、日々継続的に脆弱性診断を行い、その対策を常に継続し続けることを目的とする。

　CDMは、情報資産ベースのセキュリティ管理プログラムとも称される。それはまずネットワーク上にどのような情報資産が存在するのかを的確に把握することからスタートしているからである。米国連邦政府機関はまず市販の情報資産管理ツールを導入し、ネットワーク上に設置している情報機器（PC、サーバー、スイッチ、ルーター等）を網羅的に識別・把握する。

　次にWindowsのAD（アクティブディレクトリ）を使って、ネットワーク上にログインしているユーザーを網羅的に識別・把握する。次にネットワーク、サーバー、PCに各種センサーをインストールし、各センサーが発する各種ログを一元的に収集し、集まったログ情報の相関分析、ビッグデータ解析などを行い、ネットワーク上で何が起こっているのかを識別・把握する。最後に識別したイベントからデータがどのように守られているかを識別・把握す

10）https://www.dhs.gov/cdm

図5-2

CDMの15機能

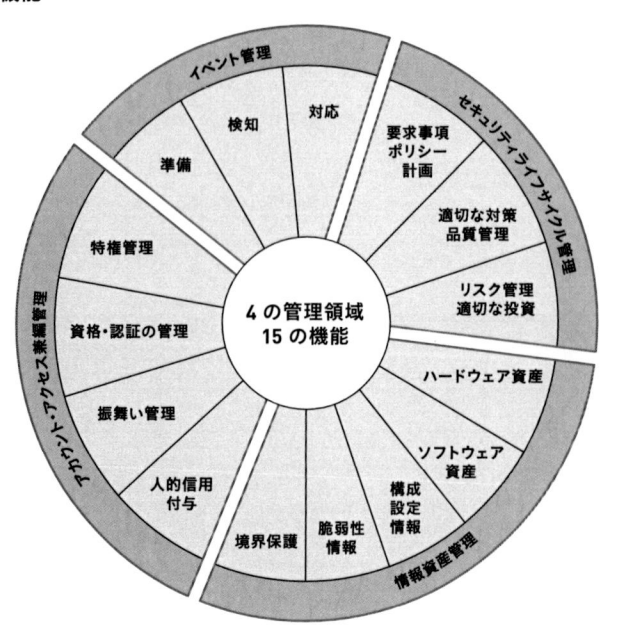

る。この一連のプロセスを繰り返し継続的に運用し続けることで、サイバーセキュリティリスクを低減していくことを目指している。

　サイバーセキュリティ管理の全体像とCDMが提供する15の機能をモデル化したものが図5-2となる。

　CDMで中心となる技術は、情報資産管理ツールである。米国連邦政府ではエンドポイントリアルタイムレスポンスプラットフォームであるTanium[11]を推奨している。Taniumはどんなに大きな組織であっても、15秒以内に脅威に該当するPCをすべて検出・可視化し、15秒以内に修正・パッチ配布を行える。LP2P（Linear peer-to-peer）というアーキテクチャで、

11）https://www.macnica.net/tanium/

ネットワーク上の端末同士が情報をリレー方式で伝達する。マルウェアの侵入痕跡をデータ化した「IOC (Indicator Of Compromise) ファイル」により、エンドポイントに同じ痕跡がないかを探すことが可能となる。稼働中のプロセスやファイルのハッシュ値[12]など、インシデント対応に必要な情報を取得できる他、エンドポイントのプロセスやファイル、レジストリ、ネットワーク接続などの記録と調査を行える。先に説明したEDRの機能もTaniumは併せもつ。このことから、EDRと資産管理を同時に行えるTaniumが脚光を浴びているのである。

　現在米国をはじめとし日本においてもCyber Hygiene (サイバー衛生) という考え方が提唱されている。サイバー衛生はしばしば個人衛生と比較される。個人が心と身体の健康を維持するために特定の衛生慣習 (運動、睡眠、食事など) に取り組んでいるのと同じように、サイバー衛生習慣はデータを安全かつ十分に保護することが目的となる。サイバー衛生は、機密データを整理し、安全に保ち、盗難や外部からの攻撃を防ぐことを目的としたユーザーの慣行および予防措置から成る。サイバー衛生は、コンピュータやその他のデバイスのユーザーがシステムの健全性を維持し、オンラインセキュリティを向上させるために講じる慣習や手順への言及から成る。これらのサイバー衛生の慣行を実現する手段として前述のTaniumが利用されている。サイバー衛生の具体的な慣習の一つにWindows OSの脆弱性を管理し適切にセキュリティパッチを適用することがある。また、マルウェアや不審なファイルを保有していないかをスクリーニングする活動などがある。これらのサイバー衛生慣行はTaniumの得意な領域である。

---

12) ハッシュ値：元データからハッシュ関数により得られた固定長の値、ハッシュ値を比べることでマルウェアが同じものかを特定できる

5.3 IoT、OT、様々なセキュリティ

　ここ数年、IT (Information Technology：情報技術) ではない、制御系システム (OT：Operation Technology) に関わるセキュリティの取り組みが注視されている。2016年9月から10月にかけて発生したMiraiによるDDoS攻撃の影響が大きい。MiraiはインターネットにつながるIoT機器 (ネットワークカメラ、センサーなど) をBOT化して、大量のトラフィックを発生させた攻撃であった。このように、従来のITではない、IoT、工場の制御設備、ビル制御システムなどを総じてOTと称し、OTのセキュリティを高める活動がいろいろなところで起きている。

　2016年8月、NISC (内閣サイバーセキュリティセンター) は「安全なIoTシステムのセキュリティのための一般的枠組」[13] を発表した。すべてのIoTシステムに関わる設計、構築、運用に求められる事項を一般要求事項として明確化し、そのうえで、個々の分野の特性を踏まえた分野固有の要求事項を追装する2段階のアプローチが適切であると訴えるものだ。この枠組は、こうした考え方に基づき、安全なIoTシステムが具備すべき一般要求事項としてのセキュリティ要件の基本的要素を明らかにすることを目的としている。

　2016年7月、総務省と経産省は、共同で研究したIoTに関するセキュリティのガイドライン[14] を公開した。IoT機器・システム、サービスの供給者である経営者、機器メーカー、システム提供者・サービス提供者 (一部、企業利用者を含む) を対象とし、IoTセキュリティ対策の指針を示すものである。

　2017年3月30日、IPA/SEC[15] は様々なモノ同士がつながるIoT (Internet of Things) 時代に向けて、利用者の特性や利用状況を考慮してIoT製品／サービ

13）https://www.nisc.go.jp/active/kihon/pdf/iot_framework2016.pdf
14）http://www.meti.go.jp/press/2016/07/20160705002/20160705002-1.pdf
15）日本のIT国家戦略を技術面・人材面から支える経済産業省所管の独立行政法人

スを開発するポイントを紹介した報告書、「つながる世界の利用時の品質〜IoT時代の安全と使いやすさを実現する設計〜」[16]を公開した。また、2017年6月30日、「つながる世界の開発指針〜安全安心なIoTの実現に向けて開発者に認識してほしい重要ポイント〜」[17]を改訂し、第2版として発行した。

2016年8月、総務省はNISCが公表した「安全なIoTシステムのためのセキュリティのための一般的枠組」を踏まえつつ、総合的な視点に立って対策を講じていくために、ネットワーク層とプラットフォーム層を中心とした対策のガイドラインである、IoTセキュリティ総合対策[18]を出した。

2019年2月20日、総務省は、情報通信研究機構（NICT）を活用しインターネットプロバイダと連携することで、サイバー攻撃に悪用されるおそれのあるIoT機器の調査および当該機器の利用者への注意喚起を行う取り組み「NOTICE（National Operation Towards IoT Clean Environment）」をスタートさせている。IoT機器が普及する一方で、IoT機器を狙ったサイバー攻撃は近年増加傾向にある。センサーやウェブカメラなどのIoT機器は、管理が行き届かない、ライフサイクルが長い、などサイバー攻撃に狙われやすい特徴をもっている。セキュリティ対策に不備があるIoT機器は、マルウェアに感染しBOT化され、サイバー攻撃に悪用されるおそれがある。2016年にはIoT機器を悪用した大規模なサイバー攻撃（DDoS攻撃）が生じるなど、深刻な被害が発生している。

このことから日本は2020年にオリンピック・パラリンピック東京大会を控えており、対策の必要性が高まっている。このような状況を踏まえ、NICTの業務にサイバー攻撃に悪用されるおそれのある機器の調査等を追加（5年間の時限措置）する「電気通信事業法及び国立研究開発法人情報通信研究機構法の一部を改正する法律」が2018年11月1日に施行された。

---

16) https://www.ipa.go.jp/files/000058465.pdf

17) https://www.ipa.go.jp/files/000060387.pdf

18) http://www.soumu.go.jp/main_content/000510701.pdf

表5-2

OWASP IoT TOP10

```
OWASP IoT TOP10
 1  安全ではないWebインターフェース
 2  不十分な認証、権限管理
 3  安全ではないネットワークサービス
 4  通信路の暗号化の欠如
 5  プライバシーの懸念
 6  安全ではないクラウドインターフェース
 7  安全ではないモバイルインターフェース
 8  不十分なセキュリティ機能の設定
 9  安全ではないソフトウェア/ファームウェア
10  貧弱な物理セキュリティ
```

　第3章で脆弱性を説明する際に、OWASP TOP10を紹介したが、OWASPはIoTの脆弱性TOP10も公表している（表5-2）。[19]

　2018年3月19日、IPA/SECは制御システムの安全関連システムに関するセキュリティ向上を目的とした「制御システムセーフティ・セキュリティ要件検討ガイド」[20]を公開した。

　制御システムの設計・開発・運用に携わる開発者が検討すべき「安全性を確保しつつ、セキュリティ対策を講じるための検討ポイント」を整理し、その検討手順を具体的に示している。このガイドラインの目的は、既存のセーフティシステムに対し、セーフティ要件とセキュリティ要件を連携させ、すり合わせるための考え方を示すことである。セーフティシステムを含む制御システムによって稼働中の工場、プラント等は、セーフティゴール（安全性の確保）は実現済みであるという環境を想定している。このガイドラインは、情報システムと制御システムの違いを解説[21]している（表5-3）。

19）https://speakerd.s3.amazonaws.com/presentations/f47285d7b2ca47c9bead3d130c755ce5/owasp_IoT_top10-20170902_horibe3.pdf

20）https://www.ipa.go.jp/files/000064728.pdf

21）https://www.ipa.go.jp/files/000064728.pdf

表5-3

情報システムと制御システムの違い

	情報システム	制御システム
対象	●情報	●モノ（設備、製品）、サービス（連続稼働）
技術サポートの期間	●3~5 年	●10~20 年
システム更新	●随時パッチ対応可能	●停止・再起動は容易ではない
目的・優先順位	●情報漏洩の防止 ●潜在的な脅威から守る ●C（機密性）、I（完全性）、A（可能性）	●サイバーセキュリティ脅威、潜在的な危険に至る脅威から制御システムを守る ●H（健康）、S（安全性）、E（環境）+ A（可用性）、I（完全性）、C（機密性）
分析・対策	●脅威分析	●安全分析と脅威分析
	●サイバーセキュリティを考慮した設計 ●継続監視 ●インシデントレスポンス	●サイバーセキュリティを考慮した設計 ●安全を考慮した設計 ●継続監視 ●インシデントレスポンス
運用管理	●主に情報システム部門	●主に現場の生産・技術部門

出典：IPA/SEC

表5-4

SaftyとSecurityの違い

用語	定義	出典
セーフティ Safety	許容できないリスクから免れている状態 freedom from unacceptable risk	IEC 61508-4 Ed2
セキュリティ Security	a）システムを保護するためにとられる対策 measures taken to protect a system b）システムを保護するための対策が確立され、維持管理されていることから生じる、システムの状態 condition of a system that results from the establishment and maintenance of measures to protect the system c）認可されていないアクセスが行われず、無認可のまたは偶発的な変更、破壊及び喪失が行われないというシステム資源の状態 condition of system resources being free from unauthorized access and from unauthorized or accidental change, destruction, or loss d）認可されていない人およびシステムがソフトウェアおよびそのデータを変更することも、システム機能へのアクセスを取得することもできないという十分な信頼を提供し、なおかつ、認可されている人およびシステムがこの行為を拒否されないことを確実にする、コンピュータに基づくシステムの能力 capability of a computer-based system to provide adequate confidence that unauthorized persons and systems can neither modify the software and its data nor gain access to the system functions, and yet to ensure that this is not denied to authorized persons and systems e）産業用オートメーションおよび制御システムの適切かつ意図された運用に対する違法のまたは望まれない侵入または干渉の防止 prevention of illegal or unwanted penetration of, or interference with the proper and intended operation of an industrial automation and control system	IEC 62443-1-1 Ed1

出典：IPA/SEC

また、Safty と Security の違いも示されている（表5-4）。[22]

2020年オリンピック・パラリンピック東京大会を前に、オリンピック開催ビル設備などのセキュリティの検討も進められている。ビル設備系システムのセキュリティで考慮すべき対象は空調、電源設備等の稼働状態を監視・管理・制御・記録するためのビルディングオートメーションシステム（BAS：Building Automation System）、室内環境とエネルギー性能の最適化を図るためのビルの管理システム（BEMS：Building and Energy Management System）などがある。

2018年9月3日、経済産業省、産業サイバーセキュリティ研究会ワーキンググループ1（ビルサブワーキンググループ）は、「ビルシステムにおけるサイバー・フィジカル・セキュリティ対策ガイドライン（β版）」[23] を公表した。エレベーターや空調など多くの制御系機器を有するビル分野に関するステークホルダーが集まり、ビルシステムのサイバーセキュリティ対策のガイドラインについて検討を行ってきたのである。ビル設備が他のシステムと異なる特徴は、超長期の運用期間であること、ビルは建設後、50年近くにわたって非常に長期の運用を行うことが一般的である。また、マルチステークホルダーが関与すること、ビル設備やシステムに関わるステークホルダーも多種多様となる。ビルのオーナー、建設に当たるゼネコン、個別の設備を担当するサブコン、設計事業者、個別設備を納入するベンダーがいる。設備の種類は、一般的に、受変電、照明、熱源、空調、給排水、昇降機、防犯、防災等があり、それぞれ異なるベンダーが担当することになる。こうした特殊事情のビル設備に関するセキュリティはこれまで包括的に対処されたことは少なく、個別設備やシステムごとに縦割りのサイロ形式の対応にとどまっていた。こうした状況では、ビル設備を対象にした本格的なサイバー攻撃には耐えられるはずもなく、現在検討が行われているのだ。

22）https://www.ipa.go.jp/files/000064728.pdf
23）https://www.meti.go.jp/shingikai/mono_info_service/sangyo_cyber/wg_seido/wg_building/pdf/20180903_01.pdf

5.4　働き方改革とセキュリティ

　2018年7月6日、「働き方改革を推進するための関係法律の整備に関する法律」が公布された。本法律は、労働者がそれぞれの事情に応じた多様な働き方を選択できる社会を実現し、働き方改革を総合的に推進するため、長時間労働の是正、多様で柔軟な働き方の実現、雇用形態にかかわらない公正な待遇の確保等のための措置を講ずるものである。本法律によって、政府や地方公共団体ではテレワークによる働き方改革を推進中である。

　厚生労働省は、「テレワークではじめる働き方改革」のガイドブック[24]を出している。また総務省は「テレワーク導入手順書」[25]、「テレワークセキュリティガイドライン」[26]を出している。

　テレワークを実現するためには、外出先（自宅やサテライトオフィスなど）から組織のコンピュータに安全にアクセスすることが求められる。外出先の端末から組織のデータセンターへVPN[27]接続することにより、通信回線上のデータは暗号化される。またデータセンター側では端末にインストールされたクライアント証明書でアクセスする端末を認証する。持ち出す端末のローカルディスクにはデータを保存しない方法も取られる。一つのやり方は、VDI[28]という仮想デスクトップ方式である。持ち出した端末には、データセンターで稼働する仮想端末の画像データだけが送られてくる。持ち出した端末で操作しているのは、データセンターにある仮想端末なのだ。したがって、持ち出した端末にはデータは残らないため、データのセキュリティは担保されていることになる。もちろん、外部で公衆が周りにいる中で端末を操

24）https://work-holiday.mhlw.go.jp/material/pdf/category7/01_01.pdf

25）http://www.soumu.go.jp/main_sosiki/joho_tsusin/telework/furusato-telework/guidebook/pdf/teleworkintroduction.pdf

26）http://www.soumu.go.jp/main_content/000545372.pdf

27）Virtual Private Network：仮想専用線網

28）Virtual Desktop Infrastructure：仮想デスクトップ

作すれば、その時画面に表示されているデータを後ろから盗み見られる[29]可能性はあるので、利用環境には注意が必要だ。もう一つのやり方は、VDIを利用しないでもち出した端末のローカル環境でデータを処理する方法であるが、ローカルといってもメモリー上でのみデータを扱う。メモリー上でデータを扱い、保存先はVPN接続されたデータセンターのファイルサーバーとなる。メモリーでしかデータを扱わないので、端末をリセットすればデータは消えてしまう。端末を利用中に端末を盗まれない限り、データが窃取されることはない。

これまでは端末を外部に持ち出すこと自体のリスクが極めて高いという認識があり、端末の持ち出しを禁止している組織が多かった。しかしながら働き方改革という労働生産性を向上させる取り組みを棒に振ってまでセキュリティリスクを回避する時代ではなくなってきている。セキュリティリスクは決してゼロにはならないことをしっかりと認識したうえで、そこにあるリスクをしっかりと認識し、リスクをテイクしながら、利便性や効率性を追求することが、今求められている。セキュリティリスクに目をつぶったまま、リスクを回避することでは、真のITの利活用はできない時代となったのだ。まさにリスクアプローチによるサイバーセキュリティの取り組みが価値を生み出すのである。

5.5 AIとサイバーセキュリティ

2016年8月4日にラスベガスで開催された第24回DEF CONハッカー大会で、2016 Cyber Grand Challenge（CGC）[30] がDARPA（米国国防高等研究計画局）主催によって行われた。CGCは、コンピュータマシン対コンピュータマシンの世界初の自動ネットワーク防御トーナメントである。CGCの決勝戦

29）ショルダーハッキングというソーシャルエンジニアリングの1種
30）https://www.darpa.mil/program/cyber-grand-challenge

表5-5

AIが識別するサイバー攻撃

ネットワーク侵入検知と防止
不正行為の検出
BOTネットの検出
安全でないユーザー認証
サイバー攻撃の兆候予測

は、主催者が準備したプログラムの脆弱性を探して適切なセキュリティパッチを作成すること、また同時に相手チームのプログラムを攻撃するエクスプロイトコードを作成して攻撃を行うこと、防御および攻撃の総合点によって勝者が決まった。優勝したのは研究者とセキュリティの専門家で構成されるセキュリティのスタートアップ ForAllSecure の Mayhem というプログラムで、200万ドル（約2億円）の賞金が授与された。

　前年の CGC 開催時からサイバーセキュリティへの AI 技術の適用が注目を浴び、2017年からは様々な AI 関連技術を擁したサイバーセキュリティソリューションが登場する。

　2013年に設立された Darktrace[31]) は、機械学習機能を使ってネットワーク上の異常検出を行う製品を開発した。また、2012年に設立された Cylance[32]) 社は機械学習機能を基にエンドポイントで高度なレベルのサイバー脅威を防ぐための製品を開発した。

　ここで、整理すべき言葉がある。まず AI（Artificial Intelligence：人工知能）は、人間がするように複雑な問題に対する解決策を見つけることを目指す科学技術である。実際に人間の意思決定メカニズムに似たメカニズム（ニューラルネットワーク（神経網）Neural Network）をコンピュータ上にアルゴリズムとしてモデル化する試みが行われている。次に Machine Learning（機械学習）という、

---

31) https://www.darktrace.com/ja/
32) https://www.cylance.com/en-us/index.html

表 5-6

アプリケーションの振舞いを見て異常を推測

アプリケーションによってアクセスされた API
アクセスしたディスク上のデータフィールド
アクセスした周辺機器(カメラ、キーボードなど)
プロセッサの消費電力(通常操作よりも高い消費)
消費する通信の帯域幅
インターネット向けに送信したデータ量

　人間がもつ学習にあたる仕組みを機械 (コンピュータ) で実現する技術・手法がある。機械学習はAIのサブドメインに位置する。機械学習はデータから情報を抽出するために数学的および統計的方法を使用し、その情報とともに未知のものを推測しようとする。3つ目の言葉 Deep Learning (ディープラーニング) は機械学習のサブドメインに位置する。ディープラーニングはAIのニューラルネットワークアプローチでデータを学習する。

　現在のAIや Deep Learning で実現できるサイバーセキュリティ対策は、表5-5に示した領域である。

　また、アプリケーションシステムが行う表5-6のような振舞いを見て、異常 (アノーマリ) を検出することも可能となっている。

5.6　いま知っておくべき 60のサイバーセキュリティ統計情報

　2019年に知っておくべきサイバーセキュリティの貴重な統計情報を、米国のサイバーセキュリティ統計会社 Varonis[33] がまとめているので、ここで引用し紹介する。

　サイバーセキュリティの問題は、企業にとって日々の闘争課題となってい

---

33) https://www.varonis.com/blog/cybersecurity-statistics/

る。モバイル機器やIoT機器など、職場では益々一般的になっている情報源に対するハッキングおよび侵害によりデータ漏洩が急増している。こうした中、サイバーセキュリティ全般の現状を把握するためにセキュリティコミュニティが発する60のサイバーセキュリティ統計をここにまとめ、組織を安全でない状態にする可能性があるリスクを描くことにする。

● 数字によるデータ侵害

大規模かつ広く知られた漏洩事案が増えていることは、セキュリティ事案の数が増えているだけでなく、その重大性も増していることを示唆している。

1. 2016年には、史上最大の侵害の1つである30億人のYahooアカウントがハッキングされた。（出典：Oath.com）
2. 2016年に、Uberはハッカーが5700万人を超えるライダーとドライバーの情報を盗んだと報告した。（出典：Uber.com）
3. 2017年に、Friendfinderのサイトから4億1200万のユーザーカウントが盗まれた。（出典：LeakedSource）
4. 2017年には、1億4790万人の消費者がEquifax漏洩事案の影響を受けた。（出典：Equifax）
5. 2017年の統計によると、米国には年間130を超える大規模な標的型漏洩事案があり、その数は年間27％増加している。（出典：アクセンチュア）
6. 組織の31％が、制御系インフラストラクチャへのサイバー攻撃を経験している。（出典：シスコ）
7. 2017年には、少なくとも150ヵ国にある10万のグループと40万以上のマシンがWannaCryウイルスに感染し、総被害額は約40億ドルであった。（出典：Malware Tech Blog）
8. クリプトジャッキングを含む攻撃は2017年に8500％増加した。（出典：シマンテック）
9. 2017年に、WannaCryウイルスによる54億の攻撃が阻止された。

（出典：シマンテック）

10. 毎日約2万4000の悪意のあるモバイルアプリがブロックされている。（出典：シマンテック）

11. 2017年に、国別の漏洩事案レコードの平均数は2万4089であった。年間の侵害が最も多かった国はインドで、3万3000件を超えるファイルがあった。（出典：Ponemon Instituteの2017年のデータ漏洩／侵害調査）

12. 2018年、Under Armourは、「My Fitness Pal」がハッキングされ、1億5000万人のユーザーに影響を及ぼしたと報告した。（出典：アンダーアーマー）

13. 2005年1月1日から2018年4月18日の間に、8854件の漏洩事案が記録されている。（出典：ID盗難情報センター）

● サイバーセキュリティコスト

サイバー犯罪に対する平均支出は劇的に増加しており、これらの犯罪に関連するコストを、サイバーセキュリティの通常予算の一部に計上していない企業にとっては支出が困難になる可能性がある。

14. 2017年、サイバー犯罪のコストは、2016年の約23％増となった。（出典：アクセンチュア）

15. 企業に対するマルウェア攻撃の平均コストは、240万ドル。（出典：アクセンチュア）

16. マルウェアによる攻撃の平均日数は50日。（出典：アクセンチュア）

17. 2016年から2017年にかけて、サイバーセキュリティコストは22.7％増加した。（出典：アクセンチュア）

18. 世界全体でのサイバー犯罪の平均コストは、2017年に27％以上増加した。（出典：アクセンチュア）

19. サイバー攻撃の最も高価な要素は情報損失。これはコストの43％を占める。（出典：アクセンチュア）

20. ランサムウェアの被害額は、2017年には50億ドルを超え、2015年の15倍に達した。（出典：CSO Online）

21．Equifaxの侵害により、会社は合計で40億ドル以上の被害を受けた。（出典：タイム誌）

22．個人が盗難にあったレコード1件あたりの平均費用は141ドルだが、その費用は国によって異なる。漏洩事案で個人情報1件あたりのコストは、米国225ドルとカナダ190ドルが最も高価である。（出典：Ponemon Instituteの2017年のデータ漏洩／侵害調査）

23．5万件を超える危険にさらされたレコードをもつ企業では、データ漏洩／侵害の平均コストは630万ドル（約6億円超）である。（出典：Ponemon Instituteによる2017年のデータ漏洩／侵害調査）

24．顧客の売上高、顧客獲得活動の増加およびのれん代償却に対して評判の低下によって失われた事業コストは米国企業で最高で1社あたり413万ドル（約4億円超）であった。（出典：Ponemon Instituteの2017年のデータ漏洩／侵害調査）

25．サイバー犯罪に関連する損害は、2021年までに全世界で年間6兆ドルに達すると予測されている。（出典：Cybersecurity Ventures）

● サイバーセキュリティの事実と数値

　最も一般的な攻撃の種類やその発生元など、サイバーセキュリティの問題を取り巻くメトリクスの全体像を把握することが重要である。

26．ランサムウェアの検出は、インターネットに接続している人口が多い国でより支配的になっている。米国は、すべてのランサムウェア攻撃の18.2%で最高にランクされている。（出典：シマンテック）

27．トロイの木馬ウイルスRamnitは2017年に金融セクターに大きな影響を与え、攻撃の53%を占めた。（出典：シスコ）

28．約60%の悪意のあるドメインの大部分がスパムキャンペーンに関連している。（出典：シスコ）

29．74%の企業が、1000を超える古い機密ファイルを取り扱っている。（出典：ヴァロニス）

30．マルウェアとWebベースの攻撃に対する防御は、最も費用のかか

る2つの攻撃であり、企業は、平均240万ドル（約2億7000万円）を費やした。（出典：アクセンチュア）

31. 金融サービス業界は、調査対象企業1社あたり平均1億8300万ドル（約19億円）をサイバー犯罪に対するコストにかけている。（出典：アクセンチュア）

32. Word、PowerPoint、ExcelなどのMicrosoft Office形式が悪質なファイル拡張子の最も一般的なグループを構成しており、全体の38%を占めている。（出典：シスコ）

33. 悪意のあるドメインの約20%が非常に新しく、登録されてから約1週間後に使用されている。（出典：シスコ）

34. 2017年のサイバー攻撃の20%以上が中国からであり、11%が米国から、6%がロシアからの攻撃であった。（出典：シマンテック）

35. サイバーセキュリティの問題が最も多いアプリケーションのカテゴリーはライフスタイルアプリで、悪意のあるアプリの27%を占めている。また、音楽とオーディオのアプリは20%を占めている。（出典：シマンテック）

36. アプリから最も頻繁に漏れる情報は、電話番号（63%）とデバイスの位置情報（37%）である。（出典：シマンテック）

37. 2017年には、スピアフィッシングEメールが最も広く使用されている感染経路であり、サイバー攻撃を仕掛けたグループの71%がこれを利用していた。（出典：シマンテック）

38. 2015年から2017年の間に、米国は標的型サイバー攻撃の影響を最も受けた国で、303件の既知の大規模攻撃を受けた。（出典：シマンテック）

39. 2017年には、マルウェアの亜種は全体で88%増加した。（出典：シマンテック）

40. 検出された上位のマルウェアは、Heur.AdvML.Cは23,335,068、Heur.AdvML.Bは10,408,782、JS.Downloaderは2,645,965である。（出典：シマンテック）

41. 2020年までに、世界中の人間や機械が使用するパスワードの推定数は3000億に増加する。（出典：サイバーセキュリティメディア）

● サイバーセキュリティリスク

日々新たな脅威が出現している中、ファイルを適切に保護しないことによるリスクは、企業にとってこれまで以上に危険となる。

42. 全ファイルの21％が保護されていない。（出典：ヴァロニス）

43. 41％の企業が、クレジットカード番号や健康記録を含む1000を超える機密ファイルを保護されていないままにしている。（出典：ヴァロニス）

44. 組織の70％が、2017年にセキュリティリスクが大幅に増加したと考えていると語った。（出典：Ponemon Instituteの2017年のデータコスト侵害の調査）

45. 69％の組織が、自分たちが目にしている脅威をウイルス対策ソフトウエアによってブロックできるとは考えていない。（出典：Ponemon Instituteによる2017年のデータ漏洩／侵害調査）

46. 組織が直面するセキュリティリスクのほぼ半分は、複数のセキュリティベンダーとシステム製品をもっていることから生じている。（出典：シスコ）

47. 10社中7社が、セキュリティリスクが2017年に大幅に増加したと述べている。（出典：Ponemon Instituteの2017年データコスト侵害調査）

48. 65％の企業が、パスワードを変更するように求められることがない500人を超えるユーザーを抱えている。（出典：ヴァロニス）

49. ランサムウェアの攻撃は、毎年350％以上も増えている。（出典：シスコ）

50. IoT攻撃は2017年に600％増加した。（出典：シマンテック）

51. ランサムウェアによる攻撃が最も多い業界は医療業界である。攻撃は2020年までに4倍になるであろう。（出典：CSO Online）

52. 2017年の漏洩事案被害者の61％が、従業員数1000人未満の企業で

あった。（出典：Verizon）

53. ランサムウェアの被害コストは2019年には115億ドルに上り、その時点で14秒ごとに企業がランサムウェア攻撃の犠牲になる。（出典：サイバーセキュリティベンチャー）

54. モバイルマルウェアの亜種は2017年に54％増加した。（出典：シマンテック）

55. 今日13のWeb要求のうち1件がマルウェアになっている（2016年から3％増）。（出典：シマンテック）

56. 2017年は、Macコンピュータ上の新種マルウェアが80％増加した。（出典：シマンテック）

57. 2017年に報告されたシステムの脆弱性は全体で13％増加した。（出典：シマンテック）

58. 2017年には、産業用制御システム関連の脆弱性が29％増加した。（出典：シマンテック）

59. 2020年までに、サイバーセキュリティをカバーするITアナリストは5年間の支出予測（2025年まで）は、1兆ドルをはるかに超えると予測する。（出典：サイバーセキュリティベンチャー）

60. 米国と中東は、データ漏洩後の対応に最大限の努力を払っている。米国のコストは156万ドルで中東は144万ドルであった。（出典：Ponemon Instituteの2017年のデータ漏洩／侵害調査）

サイバー犯罪の状況が悲惨であることに疑いの余地はない。しかしながら幸いなことに、ビジネス上のサイバーセキュリティリスクを適切に評価し、組織全体でセキュリティ行動を改善すれば、ほとんどのデータ漏洩リスクからビジネスを保護することは可能である。組織が攻撃の犠牲になることを避けるために今できるすべてのことを確かめる必要がある。サイバーセキュリティの向上に向けて文化を変える時が来ている。

第 **6** 章 グローバル環境における セキュリティガイドラインの変遷

6.1 セキュリティコンプライアンス

　2018年5月25日、EUでGDPR (General Data Protection Regulation：一般データ 保護規則)[1] が施行された。GDPRは日本でいうところの個人情報保護法に 相当する。これにより現在グローバルでは、コンプライアンスの視点でセ キュリティに取り組むべきである、ということに注目が集まっている。

　既に日本は今から20年も前の1999年からコンプライアンスの視点でセ キュリティに取り組んできた歴史がある。1999年にJISQ15001[2] という個 人情報保護の取り扱いに関する規格が策定されたのだ。JISQ15001は、 OECDが1980年に策定した「プライバシー保護と個人データの国際流通に ついてのガイドラインに関するOECD理事会勧告」に基づいている。8項目 に分けた個人情報の保護に関する原則を制定したもので、通称OECD8原則 と呼ばれる。そしてOECD8原則を遵守する形式で策定されたJISQ15001を 基に、個人情報の取り扱いについて審査により適正性を付与するプライバ シーマーク制度[3] が日本でスタートした。後に日本で個人情報保護法が成 立するが、それは2005年の施行である。それ以前は、JISQ15001に準拠 (コ

---

1) https://eugdpr.org/
2) https://www.meti.go.jp/policy/it_policy/privacy/jis_shian.pdf
3) https://privacymark.jp/index.html

表6-1

2017年のISO/IEC27001認証取得数上位Top10

#	国名	認証数
1	日本	9161
2	中国	5069
3	英国	4503
4	インド	3272
5	米国	1517
6	ドイツ	1339
7	台湾	994
8	イタリア	958
9	オランダ	913
10	スペイン	803

ンプライアンス）した個人情報の取り扱いにプライバシーマークの取得という形で、日本企業は20年も前から取り組んできたのである。なにしろ官公庁の入札条件に、このプライバシーマークの取得があるものだから、官公庁に対してビジネスを提供する企業は何が何でもプライバシーマークを取らざるを得なかった。しかもプライバシーマークは全社で取得することが原則である。ISMS（Information Security Management System）認証制度[4]のように、部門単位で取得することはできない。

　このように、日本の多くの企業は20年も前からコンプライアンスの視点でセキュリティに対応してきた。逆にそれがリスクアプローチでセキュリティに取り組むことへの抵抗となってくるのは皮肉なことだが。

　一方で米国のように、個人情報保護法が無い国においては、GDPRのインパクトはあまりにも大きい。米国では、連邦法としての個人情報保護法はこれまで策定されていない。金融業界、医療業界など、それぞれの業界法の中で個人情報の取り扱いを規制する制度はあった。また州法として個人情報の

---

[4]　https://isms.jp/isms.html

取り扱いを規制する法律は多く制定されている。しかしながら個人情報の保護を策定することで、インターネット技術やSNSといった新たな情報革命の推進力を削ぐような規制は、なかなか法制度化されてこなかった。

その結果、昨年GDPRが施行されると、Facebookなどの米国の大手SNSベンダーは、すぐさまコンプライアンス違反で訴訟を起こされるに至っている。

日本は20年も前から個人情報保護規則へのコンプライアンスに努めてきたことから、GDPRは日本国の十分性を認定し[5]、2019年1月23日EU域内から移転を受けることができる個人データの取り扱いに関する補完的ルール[6]が日本の個人情報保護委員会で策定されている。

GDPRが発効されたヨーロッパ各国、特に英国はもともとISO27001[7]（日本のISMSの基規格）の原案となったBS7799[8]を策定した国であることから、コンプライアンス重視のセキュリティ対策をとってきた。日本はプライバシーマーク同様にISMSが官公庁の入札条件となったために、多くの企業がISMSの認証を取得し、コンプライアンス重視のセキュリティ対策をとってきた。この点が、日本と欧州におけるサイバーセキュリティへの取り組みが似ていることと、米国のリスクアプローチによる合理的なセキュリティへの取り組みとの大きな違いであった。米国企業のISO/IEC27001認証取得数は日英に比較して極めて少ないことがそれを物語っている[9]。2017年の各国のISO/IEC27001の認定取得組織数は、日本9161、英国4503、米国1339である。[10] それにしても、日本のISMS信仰は他国を圧倒している（表6-1）。

5）　https://www.ppc.go.jp/enforcement/cooperation/cooperation/sougoninshou/

6）　https://www.ppc.go.jp/files/pdf/Supplementary_Rules.pdf

7）　https://www.iso.org/isoiec-27001-information-security.html

8）　https://www.bcs.org/content/conWebDoc/2982

9）　https://isotc.iso.org/livelink/livelink?func=ll&objId=18808772&objAction=browse&viewType=1

10）　https://isotc.iso.org/livelink/livelink?func=ll&objId=18808885&objAction=Open&nexturl=%2Flivelink%2Flivelink%3Ffunc%3Dll%26objId%3D18808772%26objAction%3Dbrowse%26viewType%3D1

第3章で説明したように、米国のNISTが2014年に発行したサイバーセキュリティフレームワークによって、セキュリティはリスクアプローチで取り組むべきであると、日欧ではサイバーセキュリティの考え方がコンプライアンス重視からリスクアプローチへ180度変わった。一方米国はこれまでリスクアプローチで取り組んできたところ、2018年GDPRによって、突如コンプライアンスへの対応を求められることになったのだ。コンプライアンスに責任を有する経営層は、今までよりもさらにサイバーセキュリティに関心を寄せるようになっている。米国調査会社Gartnerは、2019年4月11日に、2019年第1四半期のリスクモニターレポート[11]を発行した。グローバルの多業種の上級管理職98人を対象に懸念するリスクについて調査を行ったものだ。それによれば、第1位の懸念リスクは、プライバシー規制の加速要因となった。これまでのリスク1位は人材不足であったが、GDPRに加え米国カリフォルニア州で制定されたカリフォルニア州消費者個人情報保護法California Consumer Privacy Act（CCPA）[12]の影響が大きく、プライバシー規制のリスクがトップに躍りでた（ちなみにCCPAは2020年1月に発効）。

6.2　日本のサイバーセキュリティ戦略

日本が政府としてサイバーセキュリティに取り組み始めたのは、2005年のことである。ちょうど個人情報保護法が施行された時期と重なる。2005年4月、内閣官房に情報セキュリティセンターが設置された。高度情報通信ネットワーク社会推進戦略本部令（平成12年政令第555号）第4条の規定に基づいて、官民における統一的・横断的な情報セキュリティ対策の推進を図るため、高度情報通信ネットワーク社会推進戦略本部（IT戦略本部）の下に、情報

11）https://www.gartner.com/en/newsroom/press-releases/2019-04-11-gartner-survey-shows-accelerating-privacy-regulation-returns-as-the-top-emerging-risk-worrying-organizations-in-1q19

12）http://oag.ca.gov/privacy/ccpa

セキュリティ政策会議がおかれたのだ。情報セキュリティ政策会議は、議長に内閣官房長官をおき、議長代理に情報通信技術 (IT) 政策担当大臣、構成員は、国家公安委員会委員長、総務大臣、外務大臣、経済産業大臣、防衛大臣、および情報セキュリティ対策に関し優れた見識を有する者であった。

　現在でも多くの組織が、セキュリティ組織をIT部門の下部組織もしくはIT部門の一部としている。ある時期から、セキュリティはIT部門とは独立しているべきであり、IT部門よりも上位に位置するべきであるという考え方が広まっていくことになるが、日本政府のセキュリティのスタートはあくまでもITの下部組織であった。

　2008年にはGSOC (Government Security Operation Coordination team) が立ち上がり、日本の各省庁とインターネットとの境界を24時間365日監視している。

　日本のサイバーセキュリティ戦略が初めて策定されたのは、2010年のことである。当時はまだ情報セキュリティ戦略と呼んでいた。「国民を守る情報セキュリティ戦略」[13] と題して、安全保障・危機管理および経済の観点に、国民・利用者保護の観点を加えた3軸構造の総合的な政策の確立を目指したものであった。この3軸の基本的な枠組みの考え方は最新の2018年版まで踏襲されている。ちなみに2010年版はNISC (内閣サイバーセキュリティセンター) へ出向した経済産業省出身の官僚を中心に執筆されている。3年後の2013年、「世界を率先する強靭で活力あるサイバー空間を目指して」という副題をつけて、「サイバーセキュリティ戦略」[14] が更改された。この戦略は総務省出身の官僚を中心に執筆されたもので、2010年に出た戦略とはトーンが異なり、情報通信セキュリティ白書的なものとなった。この戦略は想定読者を国内のサイバーセキュリティ関係者としており、より具体的に取り組む施策などが書かれたものとなった。

　そして2014年末に大きな転機を迎えることになる。それまでNISCは内

13）https://www.nisc.go.jp/active/kihon/pdf/senryaku.pdf
14）https://www.nisc.go.jp/active/kihon/pdf/cyber-security-senryaku-set.pdf

閣官房に属していたが、政府機関に対して法的根拠をもつ権限を有していなかった。そこで、日本のサイバーセキュリティに関する施策に関し、基本理念を定め、国および地方公共団体の責務等を明らかにし、並びにサイバーセキュリティ戦略の策定その他サイバーセキュリティに関する施策の基本となる事項を定めるため、2014年12月サイバーセキュリティ基本法が制定された。基本法でいう所掌事務を実施するために内閣官房組織令[15]が発出され、2015年1月NISCは正式にサイバーセキュリティ戦略会議の事務局となった。また、基本法は、サイバーセキュリティに関する施策の総合的かつ効果的な推進を図るため、サイバーセキュリティに関する基本的な計画(以下「サイバーセキュリティ戦略」という)を定めなければならない、と規定しており、法的根拠をもってサイバーセキュリティ戦略が策定されることになる。

　2015年9月、サイバーセキュリティ戦略2015が公表された。この戦略は前回の総務省出身者ではなく経済産業省出身の官僚を中心に作成された。想定読者を外国の政府機関と設定し、国際社会の中で日本国としてサイバーセキュリティにどう向き合うのか、というメッセージを込めたものであり、英文に訳され世界に向けて日本の戦略を発信することとなった。結果、海外諸国から非常に高い評価を得ることになった。主要な施策の、経済社会の持続的発展、国民の安全安心、国際平和の安定と我が国の安全保障という3本柱は変わらずに踏襲した。

　そして2018年に最新版となる「サイバーセキュリティ戦略2018」[16]が発表となった。日本は2020年に東京オリンピック・パラリンピックを控えている。前回2015年に国際社会から高い評価を得た戦略の基本的な骨子は変える必要がなく、3本柱を継続しつつ、オリンピックに向けてより具体的な施策を盛り込む内容となった。変わった点をいえば、前回は現実空間(フィジカル空間)とサイバー空間は連接し融合が高度に深化していると表現したものが、今回は現実空間とサイバー空間はもはや一本化・一体化しているとの

---

15) https://www.nisc.go.jp/law/pdf/soshikirei.pdf
16) https://www.nisc.go.jp/active/kihon/pdf/cs-senryaku2018-kakugikettei.pdf

表現となった。また、サイバーセキュリティエコシステム実現のため、任務保障、リスクマネジメント、サイバー衛生の活動をPDCAで回していくことを目標とした。さらに、サイバーセキュリティ基本法の一部を改正し、重要インフラ企業、サイバーセキュリティ関連企業を含めた産官学が連携してサイバーセキュリティに取り組む体制を整備するために、サイバーセキュリティ協議会[17]が2019年4月に発足した。

6.3 日本の各省のサイバーセキュリティへの取り組み

　2017年12月、日本経済団体連合会（経団連）はSociety 5.0[18]実現に向けた「サイバーセキュリティの強化を求める提言書」[19]を公開した。この提言書では、日本のサイバーセキュリティ戦略はNISCが一元的に策定しているが、個別具体的な政策は各省がバラバラに実施しているとし、一体化が必要であるとうたわれている。そして司令塔組織としてNISCの機能強化を図るべきであるとし、将来的にはサイバーセキュリティ関連政策を一元的に所管する専門の機関の創設が必要であると提言している。

　この提言はまさに各省縦割りによる日本のサイバーセキュリティ政策の欠点を突いたものである。世界各国のサイバーセキュリティ政策を見てみると、米国はDHS（Department of Homeland Security：米国国土安全保障省）の中にサイバーセキュリティ政策を一元的に実施する部門Cybersecurity and Infrastructure Security Agency（CISA：サイバーセキュリティ・インフラストラクチャーセキュリ

17）https://www.nisc.go.jp/conference/cs/kyogikai/pdf/kyogikai_gaiyou.pdf
18）Society 5.0とはサイバー空間（仮想空間）とフィジカル空間（現実空間）を高度に融合させたシステムにより、経済発展と社会的課題の解決を両立させる、人間中心の社会。狩猟社会（Society 1.0）、農耕社会（Society 2.0）、工業社会（Society 3.0）、情報社会（Society 4.0）に続く、新たな社会を指すもので、第5期科学技術基本計画において我が国が目指すべき未来社会の姿として初めて提唱された。https://www8.cao.go.jp/cstp/society5_0/index.html
19）http://www.keidanren.or.jp/policy/2017/103.html

ティ庁）がある。2002年にできたDHSのNational Protection and Programs Directorate（NPPD：国家防護計画局）を2018年に格上げして庁にしたものである。CISAはサイバーセキュリティおよび重要インフラ向けの政策を主導している。

英国は政府通信本部（GCHQ）傘下に国家サイバーセキュリティセンター（NCSC：National Cyber Security Centre）[20]を2016年に設立し、民間や諸外国のカウンターパートと対外的な活動を行う部署の機能を1つに集めて窓口一本化を図り、サイバーセキュリティに関して政府として統一した助言、指針、支援、サイバー攻撃対策を行う体制を整えている。

このように世界の各国は既に、サイバーセキュリティ政策を所管する機関の一元化を図り、官民一体となった情報共有を促進している。しかしながら日本では、先の経団連の提言のようにまだまだ縦割り行政が続いている。では、その日本の各省のサイバーセキュリティ政策の概観を見てみよう。

（1）総務省

総務省は国民向けにサイバーセキュリティを啓発するサイト、「国民のための情報セキュリティサイト」[21]を運営している。一般利用者、企業・組織担当者など向けにインターネットを安全に安心して利用できるように、様々なセキュリティトピックを扱い、分かりやすく解説している。

2018年7月、IoT／AI時代のサイバーセキュリティの確保を強力に進めることを目的として、「サイバーセキュリティタスクフォース」を開催し調査研究を行い、「IoTセキュリティ総合対策　プログレスレポート2018」を公表した。

同2018年7月「クラウドサービス提供における情報セキュリティガイドライン（第2版）」を公表した。総務省はクラウド事業者がIoTサービスを提供する際のリスクへの対応方針を取りまとめたことから、「クラウドサービ

20）https://www.ncsc.gov.uk/

21）http://www.soumu.go.jp/main_sosiki/joho_tsusin/security/

ス提供における情報セキュリティ対策ガイドライン（第1版）」を改定し第2版としたものだ。

同2018年7月「クラウドサービス事業者が医療情報を取り扱う際の安全管理に関するガイドライン」[22] を公表した。2010年に公表された「ASP・SaaS事業者が医療情報を取り扱う際の安全管理に関するガイドライン（1.1版）」を見直すため、2017年8月から「ASP・SaaS・クラウド事業者が医療情報を取り扱う際の安全管理に関する検討委員会」を開催し検討を進めてきたものだ。

2018年9月「地方公共団体における情報セキュリティポリシーに関するガイドライン」[23] と「地方公共団体における情報セキュリティ監査に関するガイドライン」[24] を改定した。前回改定時2015年3月以降の自治体情報セキュリティ対策検討チームの報告や「政府機関等の情報セキュリティ対策のための統一基準群」の改定等を踏まえて改訂された。

(2) 経済産業省

経済産業省のセキュリティ関連ガイドラインで有名なのは、なんといっても「サイバーセキュリティ経営ガイドライン」[25] である。企業戦略として、ITに対する投資やセキュリティに対する投資等をどの程度行うかなどは経営者による判断が必要であり、経営者のリーダーシップの下でサイバーセキュリティ対策を推進するため、「サイバーセキュリティ経営ガイドライン」を策定したものだ。サイバー攻撃から企業を守る観点で、経営者が認識する必要のある「3原則」、および経営者が情報セキュリティ対策を実施するうえでの責任者となる担当幹部（CISO等）に指示すべき「重要10項目」をまとめている。2017年11月Ver. 2.0版が公表された。

2018年2月、経済産業省は「情報セキュリティサービス基準」[26] を公表

22）http://www.soumu.go.jp/main_content/000567229.pdf

23）http://www.soumu.go.jp/main_content/000575052.pdf

24）http://www.soumu.go.jp/main_content/000575053.pdf

25）https://www.meti.go.jp/policy/netsecurity/mng_guide.html

した。情報セキュリティサービスに関する一定の技術要件および品質管理要件を示し、品質の維持・向上に努めている情報セキュリティサービスを明らかにする必要があった。品質基準を設けることで、情報セキュリティサービス業の普及を促進し、国民が情報セキュリティサービスを安心して活用することができる環境を整備するために基準が策定されたのだ。これまでは、安かろう悪かろうというセキュリティサービスが横行していた。この基準でセキュリティ業界が改善されていくことを願う。

2013年「クラウドサービス利用のための情報セキュリティマネジメントガイドライン2013年版」[27]を公表した。ISO/IEC27017の元になったオリジナルのガイドラインである。同年には「クラウドセキュリティガイドライン活用ガイドブック」[28]も公表している。

6.4 米国発グローバルスタンダードガイドライン NIST SP800シリーズ

第3章で、通称NISTのサイバーセキュリティフレームワークを説明したが、それを策定したNIST（National Institute of Standards and Technology：米国国立標準技術研究所）は、科学技術分野における計測と標準に関する研究を行う米国商務省に属する政府機関である。NISTが発行するSpecial Publications 800[29]、通称SP800シリーズは、コンピュータセキュリティ関係のレポート集となる。米国の政府機関がセキュリティ対策を実施する際に利用することを前提としてまとめられた文書である。内容は、セキュリティマネジメント、リスクマネジメント、セキュリティ技術、セキュリティの対策状況を評価する指標、セキュリティ教育、インシデント対応など、セキュリティに関して幅広く網羅しており、政府機関、民間企業を問わず、セキュリティ担当

---

26) https://www.meti.go.jp/policy/netsecurity/shinsatouroku/zyouhoukizyun.pdf
27) https://www.meti.go.jp/policy/netsecurity/downloadfiles/cloudsec2013fy.pdf
28) https://www.meti.go.jp/policy/netsecurity/downloadfiles/cloudseckatsuyou2013fy.pdf
29) https://csrc.nist.gov/publications/draft-pubs

表6-2

NIST主要なSP800シリーズガイドライン

シリーズNo.	タイトル
SP 800-30	リスクアセスメントの実施の手引きGuide for Conducting Risk Assessments
SP 800-34	ITシステムのための緊急時対応計画ガイドContingency Planning for Information Technology Systems
SP 800-40	パッチおよび脆弱性管理プログラムの策定Creating a Patch and Vulnerability Management Program
SP 800-50	ITセキュリティの意識向上およびトレーニングプログラムの構築Building an Information Technology Security Awareness and Training Program
SP 800-53	連邦政府情報システムおよび連邦組織のためのセキュリティ管理策とプライバシー管理策Recommended Security Controls for Federal Information Systems
SP 800-61	コンピュータインシデント対応ガイドComputer Security Incident Handling Guide
SP 800-83	マルウェアによるインシデントの防止と対応のためのガイドGuide to Malware Incident Prevention and Handling
SP 800-92	コンピュータセキュリティログ管理ガイドGuide to Computer Security Log Management
SP 800-171	連邦政府外のシステムと組織における管理された非格付け情報の保護Protecting Controlled Unclassified Information in Nonfederal Systems and Organizations

者にとって有益なガイドラインとなる。

　SP800シリーズは、日本のIPAが翻訳版を公開している。[30] 主要なガイドラインを表6-2にまとめる。

6.5 米国発グローバルスタンダードのセキュリティ資格 CISSP

　先のGartnerのレポートによれば、セキュリティ人材不足がリスクの第2位にランクされている。サイバーセキュリティに取り組むには、高度な専門知識が不可欠となる。米国ではサイバーセキュリティ人材を採用する際に、

30）https://www.ipa.go.jp/security/publications/nist/index.html

表6-3

CISSP CBK 8ドメイン

1.	セキュリティとリスクマネジメント
2.	資産のセキュリティ
3.	セキュリティアーキテクチャとエンジニアリング
4.	通信とネットワークのセキュリティ
5.	アイデンティティとアクセスの管理
6.	セキュリティの評価とテスト
7.	セキュリティの運用
8.	ソフトウェア開発セキュリティ

CISSP[31]というグローバルスタンダードのセキュリティ人材認定資格を必須条件とするケースが増えている。

　CISSPとは、(ISC)²(International Information Systems Security Certification Consortium)[32]が認定を行っている国際的に認められた情報セキュリティ・プロフェッショナルの認証資格である。世界各国で13万1000名以上(2018年12月現在)がCISSP認定資格を保有している。米国では8万5000名が取得し、日本では約2000名が資格を取得している。

　CISSPは、広範な8ドメインから成るCommon Body of Knowledge(CBK)を学び習得した者が合格できる資格である(表6-3)。

　CISSPは、情報セキュリティの専門家として、高度な知識とスキルが求められる。技術的な内容に関する知識だけでなく、方針を決定する判断力も必要となる。セキュリティ管理策の選定場面では、メリット・デメリット、導入効果などを比較検討して提示する能力が必要になる。また意思決定を行うためには情報を収集する能力も必要になる。

　先にも説明したように日本では約20年も前からISMSへのコンプライアン

---

31) https://japan.isc2.org/cissp_about.html
32) https://www.isc2.org/

スを中心とした情報セキュリティの専門家を育成している。したがって情報セキュリティマネジメントのPDCAを回すことが重要な能力として考えられてきた。しかしCISSPはマネジメントの仕組みを作るのではなく、情報セキュリティ全体をどのように具現化していくのか、どのように維持していくのかに重点を置いている。組織にとってサイバーセキュリティリスクとは何か、リスクを低減するためにはどのような設計が必要か、サイバーセキュリティをモニタリングし続けるには何が必要か、という極めて実務的なノウハウが求められる。残念ながらISMSの理論で頭が凝り固まっている人は、CISSPの試験をパスすることは難しいだろう。

今一度、リスクアプローチのサイバーセキュリティの取り組みに関してゼロベースで学び直すくらいの姿勢がないと、グローバルスタンダードのセキュリティ専門家にはなれないので、注意が必要だ。

6.6 国際標準規格ISO27000シリーズ

国際標準化機構(ISO)と国際電気標準会議(IEC)が共同で策定する情報セキュリティ規格ISO/IEC27000シリーズに触れないわけにはいかない。しかしながら実務としては、先に述べたように、コンプライアンス対応のみではセキュリティは守れない時代となったことから、今後はあくまでも組織の信頼性を評価する1つの指標となっていくだろう。

英国スタンダードBS7799をオリジナルにもつISO27001は、情報セキュリティの国際標準規格として策定された。今では誰でも知る情報セキュリティの3大要素、機密性、完全性、可用性を定義して、これら3大要素を確保することが、情報セキュリティの目的であるとした。

今では、ISO/IEC27000ファミリーは、表6-4のように様々な規格が発行されている。

表6-4

主要なISO/IEC27000ファミリー

ISO/IEC 27000：ISMS規格についての概要と基本用語集
ISO/IEC 27001：組織のISMSを認証するための要求事項
ISO/IEC 27002：ISM実践のための規範
ISO/IEC 27003：ISMS実装ガイド
ISO/IEC 27004：情報セキュリティの測定
ISO/IEC 27005：情報セキュリティのリスクマネジメント
ISO/IEC 27006：認証／登録プロセスの要求仕様
ISO/IEC 27007：ISMS監査の指針（主にマネジメントシステム）
ISO/IEC 27008：ISMS監査の指針（主にセキュリティ制御）
ISO/IEC 27010：部門間と組織間の通信のセキュリティマネジメント
ISO/IEC 27011：ISMSの通信業界への適用に関する手引き
ISO/IEC 27013：ISO/IEC 20000-1とISO/IEC 27001の統合
ISO/IEC 27014：情報セキュリティガバナンスの枠組み
ISO/IEC 27015：金融および保険サービスセクターに対するセキュリティ
ISO/IEC 27017：クラウドサービスにおける27002に基づく管理策の実践的規範
ISO/IEC 27015：金融および保険サービスセクターに対するセキュリティ
ISO/IEC 27018：クラウドサービス事業者がクラウド上で管理する個人情報の保護
ISO/IEC 27031：事業連続性のための情報通信技術準備
ISO/IEC 27032：サイバーセキュリティの手引き
ISO/IEC 27034：アプリケーションセキュリティの手引き

注：ISMS（Information Security Management System）、ISM（Information Security Management）

● ISO/IEC 27001：組織のISMSを認証するための要求事項

　組織の事業リスクを考慮して、ISMSを確立・実施・維持継続的改善する要求事項を規定した規格である。ISMSの認定を取得する際には、27001に書かれた要求事項を遵守する必要がある。

● ISO/IEC 27002：ISM実践のための規範

　組織の情報セキュリティリスクの環境を考慮に入れた管理策の選定・実施・管理を含む、組織の情報セキュリティ標準および情報セキュリティマネ

ジメントを実施するためのベストプラクティスをまとめた規格である。

● ISO/IEC 27017：クラウドサービスにおける27002に基づく管理策の実践的規範

クラウドサービスに関する情報セキュリティ管理策のガイドライン規格である。

経済産業省が2013年に策定したクラウド情報セキュリティガイドラインが、オリジナルの日本発祥のISO規格である。

Amazon Web Service、Google、Microsoft Azureなど、パブリッククラウドサービスを提供する主要なベンダーは、既にこのISO/IEC27014の認定を取得している。今後パブリッククラウドの利用を選定する際には、ISO/IEC27017の認定取得が必須条件となるであろう。

● ISO/IEC 27017：クラウドサービス事業者がクラウド上で管理する個人情報の保護

パブリッククラウドにおける個人情報の保護に特化した初めての国際規格である。情報セキュリティマネジメント実践のための規範として広く利用されている国際規格ISO/IEC 27002をベースとし、仮想空間上で実施する個人情報管理のベストプラクティス集である。Amazon Web Service、Google、Microsoft Azureなど、パブリッククラウドサービスを提供する主要なベンダーは、既にこのISO/IEC27014の認定を取得している。今後パブリッククラウドで個人情報を扱うケースでクラウドを選定する際には、ISO/IEC27018の認定取得が必須条件となるであろう。

第 7 章 サイバーリスクマネジメントに求められる説明責任

7.1 サイバーリスクの説明責任とは何か

　ゼロトラスト時代のサイバーリスクマネジメントは、様々なリスクに対峙しなければならないが、それらは内部に存在する既知のリスクと未知のリスク、外部から侵害する既知のリスクと未知のリスク、および全体に関わる体制上のリスクの5つに分類することができる。利害関係者に持続可能な経営基盤を約束するためには、これらのリスクに対しての予防や復旧力強化など、対応策の実践が要求される。しかしながら、いくら対策をしても世の中で犯罪行為や交通事故が無くならないことと同様に、多額の予算を投じて重厚なセキュリティ対策を講じても、システム運用規定やセキュリティポリシーを改善しても、徹底的に社員教育を行ったとしても、セキュリティ事故を完全に防御するのは難しい。そして、サイバーセキュリティ事故に遭遇した企業は、その利害関係者からの信用や信頼を失い、企業価値の低迷など経営的なダメージを背負うことになる。

　このように、何を講じても完全制御できないサイバーリスクに対して、いくらお金をかけて対策を講じればよいのかといったジレンマに陥る企業経営者が意外と多いのではないだろうか。このジレンマを解消するための指標になるものが説明責任である。言い換えると、サイバーリスクマネジメントの最終責任者である経営者が説明責任を果たせる内容こそが、その環境に応じた適正なセキュリティ対策レベルということだ。

説明責任の内容やその重さは、一つの企業内でも個々のシステム環境によって異なる。例えば、インターネット接続がないはずのシステムに、社員が個人的なインターネットの抜け道を作って起きた事故は説明責任が取りづらい。さらに、インターネット接続のあるシステムにファイアウォールなどの境界防御が実装されていなければ、事故発生時の説明責任はもはや取りようがない。また、顧客情報を取り扱っているシステムで起きた事故の説明責任は、顧客情報をもたないシステムの事故と比較すると格段に重くなるだろう。

　言うまでもなく、企業ICT環境は目的や用途に応じて、システム構成、利用者、利用場所、取り扱う情報など多種多様な組み合わせで運用される。また、オフィスの業務で活用するITと、工場の生産ラインで活用するOTといった分類もあり、それぞれの運用形態や環境に応じて「機密性」「完全性」「可用性」の優先順位や、実装される対策レベルが異なるのは当然である。このような認識が一般的になった現状において事故に遭遇した時、これまで経営基盤の健全性を守るために実践してきた予防策はどのようなもので、その環境下で起きてしまった事故の原因と反省点は何なのか、そしてそれらを踏まえた再発防止策を含む復旧宣言を理路整然と説明可能にしておくことが、企業に課せられた利害関係者への責任であり、サイバーリスクの説明責任である。

　説明責任 (Accountability) とは、もともと会計用語であり、行政や企業などが業務内容について対外的に説明をする責任を指すものだが、サイバーリスクの分野における説明責任は、ICT環境の情報資産に対して行われた操作について、5W1Hでその行為を一意に特定可能とし、またその特定を過去に遡って追跡できることであり、責任追跡性と言い換えてもよいだろう。このことは経済産業省のサイバーセキュリティ経営ガイドラインVer. 2.0でも重要10項目になっており、「インシデント発生時の緊急対応体制の整備」において、「被害発覚後の通知先や開示が必要な情報を把握させるとともに、情報開示の際に経営者が組織の内外へ説明ができる体制を整備」（3.3インシデント発生に備えた体制構築の指示7）として言及されている。

この責任追跡性を確保するためには、ICT環境の現状を把握するとともにその運用を規定し、その状況を記録することが必要である。自社の経営にとって重要な情報資産が何か、その情報はどこに保管されているのか、誰がどのように操作できるのか、そしてどこからどこへ流通させるのかなどを規定し、その規定が遵守されているかを把握するための記録を残す。また、その記録自体の機密性、完全性を確保するとともに、その記録をいつでもタイムリーに分析するためのシステム基盤と人材を体制化しておくことが要求される。このように平常時からシステム個々の経営価値に見合った準備を行い、迅速かつ的確な情報開示と説明責任を果たすことができれば、有事の際でも利害関係者との信頼関係を維持することができるのである。

ここまで説明責任の意義や有効性を解説してきたが、もう一つ大事なポイントにも触れておきたい。このポイントを踏み間違えると説明責任を果たすためのすべての対策や準備が水の泡になるので気を付けたい点である。それは情報開示によって余計な批判を招かないことである。企業がセキュリティ事故を起こすと利害関係者から一時的な非難を受けるのは当然だが、その初報から続報、復旧宣言に至る情報開示は社会的な注目を集めるので、その対応を失敗すると社会的な批判を受けることになる。よって、細心の注意を払わなければならない。

セキュリティ事故を起こした企業がその関連情報を開示する際の社会的な関心事は、「動機や背景は組織ぐるみか、個人的な過失か」「原因は構造的か、偶発的か」「嘘や隠蔽はないか」「開示のタイミングは遅くないか」「これまでに同様のことは起きていないか」「状況認識、判断、指示に問題はないか」などである。よって、情報開示を行う際は的確な根拠と入念な準備をもって「5W1Hによる迅速かつ的確な初報」「事実の正確な把握」「今後の影響を踏まえた適正な判断」「利害関係者の視点をもった対応方針」「経営と現場が当事者意識をもった組織的な改善姿勢」などをアピールすることが大事である。そして、何よりも大事なことは説明責任を果たす経営者が腹をくくり、分かり易く、誠実に、伝える努力をすることである。それが利害関係者や社会全般から納得感と信頼感を得る秘訣といえるのではないだろうか。

必要最低限の説明責任を果たすために

　孫子の兵法に「彼を知り己を知れば百戦殆からず。彼を知らずして己を知れば、一勝一負す。彼を知らず己を知らざれば、戦うごとに必ず殆し」という言葉がある。解説するまでもないが、敵と味方の実情を熟知していれば負けることはなく、敵情を知らず味方のことだけを知っているのでは勝ち負けは五分。そして敵のことも味方のことも知らなければ必ず負けるということだ。これをサイバーリスクマネジメントに置き換えてみると、自社のICT環境を熟知していなければ、攻撃者との攻防に必ず負けてセキュリティ事故による経営的なダメージを受けるということである。利害関係者に対して必ず負ける勝負について説明責任を果たすことはできない。よって、説明責任を果たすためには、第一に自社のICT環境を把握することが重要な取り組みになる。

　このICT環境を把握する取り組みは、システムを構成するハードウェアやソフトウェアを把握するだけでなく、その中に含まれるセキュリティリスクや、その対策状況なども含めて認識しなければならない。したがって、「リスク評価」「対応策マッピング」「ロードマップ策定」「対応策実行」といった工程を連続的に実行することになる (図7-1)。また、デジタルトランスフォーメーションによってICTを取り巻く環境は、容量拡張や新機能の追加など変化し続けるため、過去のリスク評価やそれに基づく対応策がその後も最適であるとは限らないことを考慮すると、このサイクルを定期的に回して、見直すことも忘れてはいけない。

　では、各工程の内容を見てみよう。起点となる「リスク評価」の工程では、ICT環境の現状把握を通してリスク項目を洗い出し、そのリスクを評価していく。ここでの1つ目の留意点は現状把握の対象である。ITシステムの構成を把握するだけではなく、そのシステムを利用する組織や人、あるいはそのシステム上でやり取りされる業務や情報なども対象となる。さらに、ネットワーク機器やサーバー機などシステム構成機器が設置されている場所

図7-1

現状把握に基づいたリスクの評価と対処

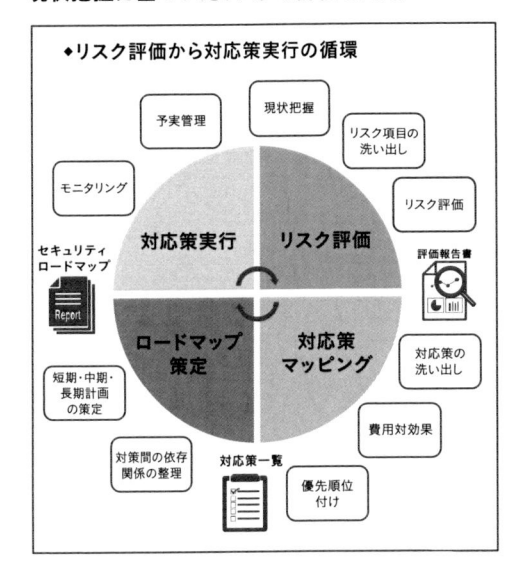

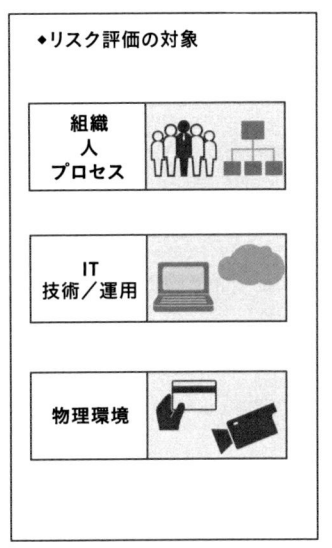

の、電源や空調、耐震性や施錠など物理的な環境も含める必要がある。なぜなら、サイバーリスクを見極める視点は「機密性」「完全性」「可用性」だが、物理環境の問題点がシステムの可用性に悪影響を及ぼすことは容易に想像できるからである。それらを総合的に加味して、発生し得る危険性を見極めていくことがリスク項目の洗い出しとなる。

そして2つ目の留意点がこの作業を行う検討メンバーである。網羅的にリスクを洗い出すためには、システムの設計者、開発者、利用者、およびセキュリティ担当者など、スキルセットや視点の異なるメンバーによって検討することが有効だからだ。そして洗い出したリスク項目ごとに、そのリスクが発生する確率と、そのリスクが発生した時に影響を受ける資産価値の大きさを掛け合わせることで、リスク個々の危険度や影響度を定量化し、評価報告書としてまとめていくのである。

次に「対応策マッピング」の工程では、リスク評価報告書で一覧化されたリスクに対し、どういう対策を打つべきかを判断する。ここで各リスクの対応策を洗い出すとともに、その必要コストを算出して、当該対応策の費用対効果を明示化し、それに基づいてリスク対応の優先順位を決めて対応策一覧を策定する。

　そして、対応策一覧から優先順位の高いリスクを軸にした短期、中長期のプランを決めていくのが「ロードマップ策定」の工程になる。ここでは対応策の依存関係などを考慮して効率的な実行スケジュールを検討し、その予算化を目的とした経営判断によってセキュリティロードマップが確定される。

　さらに、このセキュリティロードマップに基づく対策の具現化と、その進捗管理を行うのが「対応策実行」の工程だ。この進捗管理は、四半期または半年に一度のペースで定期的に行い、企業ICTを取り巻く環境の変化を吟味し、計画されている対策内容や優先順位の適正性や有効性を見直す場でもある。そして、必要に応じて次のリスク評価へつないでいく機能も兼ねている。

　このリスク評価から始まる一連の工程において、サイバーリスクに対する向き合い方にはいくつかの考え方があるので整理しておきたい。一般的に、リスクの対応方針には「回避」「共有」「保有」「低減」の4つがあり、リスクの発生確率と影響度を掛け算した重大性によって、その方針を決めていく（図7-2）。例えばリスク回避の方針では、発生確率が高く影響度も超重大な致命傷になり得るリスクを対象に、その根源となる業務プロセスの撤廃や、ICT環境の大幅改造を行うことが対応策になる。また、リスク共有の方針では、発生確率は低いが影響度が大きいリスクの一部または大半の責任を第三者へ転嫁するため、サイバー攻撃の被害を補償する保険の活用や、サービスプロバイダへのアウトソーシング、パブリッククラウドの利用などが対応策になる。さらに、リスク保有の方針では、何も対策を講じないというのが対応策になる。これは発生確率も影響度も小さいリスクに適用されることが多く、何もしないということに違和感を覚えるかもしれないが、リスクの存在を認識しておくという点で重要な意義をもつのである。

図7-2

リスク評価と対応策マッピング
ISO31000におけるリスク対応の7つの選択肢

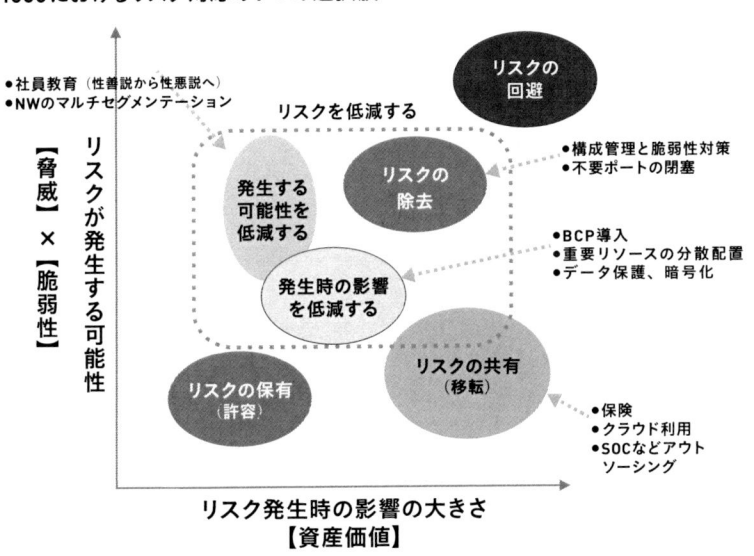

そして、4つの中で最も多く適用されるのがリスク低減の方針だ。この方針では、ICT環境を"セキュリティ・バイ・デザイン"の視点で見直し、システムの特徴に応じて様々な対応策を展開していくことになる。例えば、機密情報を扱うシステムと一般情報を扱うシステムのネットワークを物理的または論理的に切り離すことで、機密情報関連の事故発生確率を低減させる対応策が考えられる。他にも機密情報には常に暗号処理を行い、当該情報が漏洩しても内容を読み取り不能にすることで、事故の影響を低減する対応策もあるだろう。また、そもそも顕在化したリスクを除去するといった視点では、ICT環境を総点検して不要な通信経路を塞いだり、シャドーITと言われる組織的に認知されていないシステム（社員が利便性向上などの目的で勝手に構築した独自システム）を見つけ出して撤廃したり、あるいは一般的に公表されるシステム上の脆弱性に、修正プログラムを随時適用して攻撃の手段を無

効化する対応策などもある。

　このような取り組みを継続的に実行することで、情報セキュリティガバナンスの対象組織において、ICT環境の構成やその中に存在するサイバーリスク、およびその対策状況を網羅的に把握することができるようになり、利害関係者に対して必要最低限の説明責任を果たせるレベルに到達する。

7.3 説明責任の質を高める 脆弱性管理のデジタルトランスフォーメーション

　セキュリティ事故の多くは過失によるものであるといわれているが、その過失の背景が組織的か個人的か、または構造的か偶発的かによって、利害関係者の心証は大いに異なる。当然、組織的でかつ構造的な問題が根底にある場合は不安感を増長させることになるため、経営者として説明責任を果たすことが難しくなる。このような状況を避けるために大事なのは、現状把握とリスク評価によってリスクを制御することであるというのは、前述したとおりだ。その中で最も合理的な手段が脆弱性を除去することだろう。なぜなら、リスクの大きさは「発生確率×影響を受ける資産価値の大きさ」の掛け算で定量化されるが、その中にある発生確率は「脅威×脆弱性」の掛け算で決まるからだ。要するにリスクの大きさは「脅威×脆弱性×資産価値」の掛け算で決まるので、そのうちどれか1つをゼロにすることができれば、リスクがゼロになるということである。しかしながら、脅威はどこからやってくるか分からない攻撃者が存在する限りゼロにならないし、そもそも資産価値がゼロのシステムというのは論理的にあり得ない。そこで唯一、ゼロに近づける可能性があるのは脆弱性である。ただし、ICT環境を構成する汎用的な市販品は、潜在的な脆弱性をもつケースが多く、完全に取り除くのは決して簡単なことではない。したがって、脆弱性管理の業務は、組織的かつ構造的な仕組みを機能させない限り、徹底することは難しいのである。

　この脆弱性とは本書第3章3.3「サイバー脆弱性」での記述のとおり、市販のアプリケーションやミドルウェアなどのソフトウェアに含まれるセキュ

図7-3

発見／報告された脆弱性の件数推移
2018年は史上最も多く見つかった年となった

脆弱性の報告件数

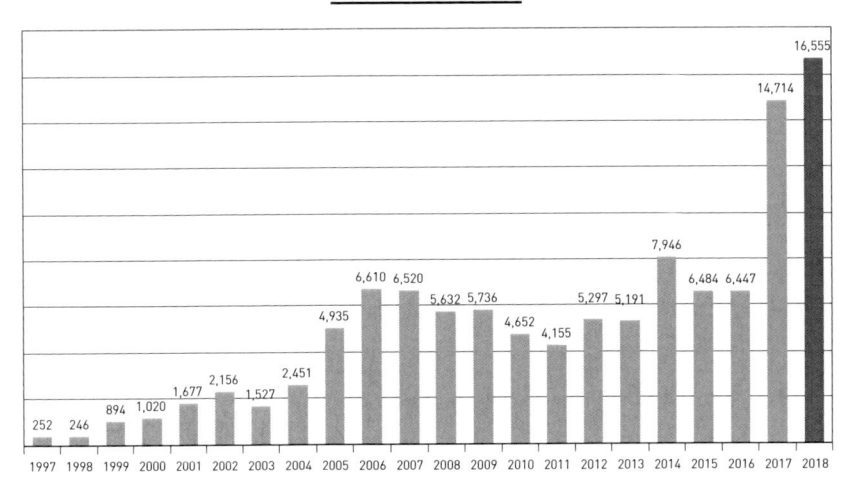

2018年は1日当たり平均で約45件の脆弱性が報告されたことになる。

出典：https://www.cvedetails.com/browse-by-date.php

リティ上の問題点のことで、それらを一意に識別するための情報にCVE（Common Vulnerabilities and Exposures）という業界標準のデータベースがある。CVEは、様々なソフトウェアベンダーの脆弱性を世界共通の識別子で管理しているため、ソフトウェアの設計者、開発者、および利用者などの間で脆弱性情報を共有する方法として、広く利用されている。

　昨今、この脆弱性の報告件数が急激に増えており、2000年の報告が1020件だったのに対して2016年は6447件、さらに翌年2017年には1年間に2倍以上も増加して1万4714件となっている（図7-3）。また、2018年には1万6555件となり過去最高を記録するなど増加傾向が続いているため、従来型の管理方法では、脆弱性をゼロに近づけるどころか、適切な対処ができずに放置される可能性が高まる傾向にある。こうした知見を踏まえて、サイバー

図7-4

効率的にリスクを低減する脆弱性管理業務のデジタルトランスフォーメーション

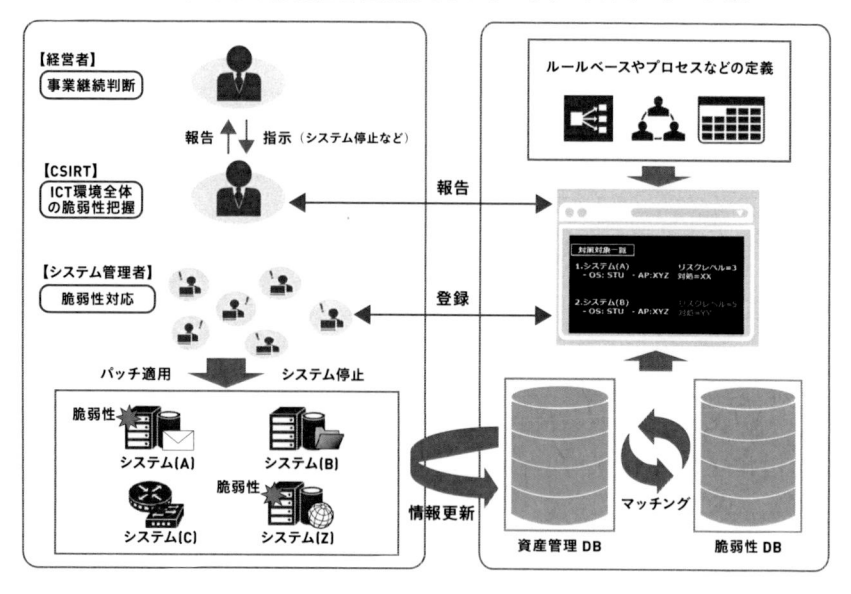

　リスクの説明責任を果たすためには、脆弱性管理業務の効率化に向けた取り組みが重要課題であることを認識しなければならない。

　一般的に、従来型の脆弱性管理業務では、経営レベルが策定した対応方針や管理規定といったマニュアル類を、CSIRTなどのセキュリティ担当者からシステム管理者へ水平展開し実行していると考えられるが、情報セキュリティガバナンスの対象範囲には数十数百のシステムがあり、それぞれに配置されたシステム管理者の実行内容を統制するのは容易ではない。なぜなら、個々人のスキルセットに応じて、マニュアル類の解釈が異るため、実際の現場で脆弱性に遭遇した時の判断や対処内容は、それぞれ多少の差異が生じるからである。そこで検討したいのが脆弱性管理業務のデジタルトランスフォーメーションである。このカイゼン活動で有効性を発揮するためには、最低でも以下の4つの要件を満たさなければならない。

1つ目は、情報セキュリティガバナンスの対象範囲に存在するシステムの資産管理データベースを構築すること。できれば自動診断機能を搭載し、登録した資産データベースの陳腐化を防げれば効果倍増だ。2つ目は、脆弱性情報のデータベースを構築すること。言うまでもないが、世の中に氾濫する脆弱性情報の中から信頼できる情報源を選定することが重要である。3つ目はセキュリティ管理規定などに基づく業務プロセス、判断基準、進捗管理、エスカレーションルール、レポート作成などを自動化、または支援するアプリケーション群を構築すること。そして4つ目は、これら3つの要件を融合させて、総合的なエキスパートシステムを構築することだ。

　このような仕組みがあれば、数十数百ある管理対象のシステムにおいて、年間1万件以上も公開される脆弱性の存在をタイムリーに検査することができるようになる。そして当該検査によって発見した脆弱性の危険度に応じて、管理規定に基づく対応判断やエスカレーションが自動的に実行され、その指示によってシステム管理者は標準的な対処を実行することができる。さらに、このような対応状況を自動的に記録する仕組みを付加することで、経営陣を含むセキュリティ担当が自社内の脆弱性状況をタイムリーに俯瞰できるようになる。それにより、サイバーリスクに対する迅速かつ的確な判断が可能になり、説明責任体制の質的高度化が具現化できるというわけだ。

7.4　説明責任の素となるログ管理のあり方

　説明責任を果たすために記録が重要であることはサイバーリスクマネジメントにおいても例外ではない。サイバー空間における記録は一般的に「ログ」と呼ばれており、ICT環境を構成するネットワーク機器、各種サーバーや利用者パソコンなどの端末類、およびセキュリティ対策機器など、その情報源は多種多様かつ大量だ。しかもそれらの機器により生成されたログは、ICT環境が利用される様々な場所に点在している。このログは、システムまたはネットワークで発生した事象に対して、その時の利用状況や負荷状態、

または異常値を複数の項目で明示してくれるため、ICT環境の性能最適化、利用者の行動把握、および故障修理などに加えて、サイバーリスクに関する脅威の可視化や原因究明の情報源としても活用できる。一方、個々のログに信頼性がないとマイナス効果に陥るので注意が必要だ。例えば、脅威に侵された端末が発信するログは改ざん（内容の書き換えや削除など）されて嘘をついているかもしれないし、ログ収集するネットワークが乗っ取られていたら当該ログの完全性や可用性は十分とは言えないだろう。また、ログにはICT環境の構成やその弱点を読み取ることができる情報も含まれているため、ログ自体を保管している端末が攻撃されてしまうと機密性の観点から最悪な事態であるといえる。よって、これらのログを説明責任の素として有効活用するためには、組織的に統制された管理体制を構築し、充分な信頼性を確保しなければならない。

　ログ管理は、ICT環境の様々な事象をタイムリーな証跡として収集し、適切な期間その情報を保管するための基盤システムで実行される。平常時から定期的に当該ログのレビューおよび分析作業を行い、セキュリティ事故やポリシー違反および運用上の問題など、異常を察知する実行力強化や、その問題箇所の特定や原因究明に発生後短期間で対処する復旧力強化を具現化するのである。また、こうした定期的な活動結果を用いて、システム運用状況などのベースラインを確立し、情報セキュリティガバナンスの内部監査などICT環境が抱える中長期的な課題解決方針の補助材料として有効活用できる。さらに、いくつかの法令や規制では特定のログを保存してレビューすることを組織に義務付けているものもある。例えば、クレジットカード業界のデータセキュリティ基準であるPCI DSS（Payment Card Industry Data Security Standard）では、カード会員データへのアクセスの追跡と監視、および不正アクセスの早期発見と追跡可能性を満たすためのログ管理に関連する要件を定めており、関連組織が適合性を確保するためにはログ管理基盤が必須なのである。

　一般的な企業においてログ管理には根本的に3つの課題がある。それは、第1に多種多様なログ生成元の管理、第2にログ自体の安全性確保、そして

第3にログ分析を行う人材確保とノウハウ蓄積である。

　第1の課題は、汎用的なハードウェアやソフトウェアを組み合わせてシステムを構築する昨今のICT事情を踏まえると必然的に生じるものだが、同じ目的で導入したネットワーク機器やセキュリティ機器でも、その生成ログは製造ベンダーごとに形式（フォーマット）や表現内容が異なる。例えば、ネットワーク機器のログには通信相手を示すアドレス情報や通信プロトコルの識別子など共通的な属性値がある一方で、ベンダーごとに送信元ホスト情報の有無やアプリケーション識別子の有無などの違いがある。また、ログ形式にはカンマ区切りテキストやタブ区切りテキストといった違いもあるし、syslogやSNMP（Simple Network Management Protocol）といった標準的なプロトコルを採用したものもあれば独自プロトコルによるものもあり、一貫性がないのである。

　そして、ログ生成元の共通的な課題として最も配慮すべき点はタイムスタンプの正確性である。ログの基本情報であるタイムスタンプは生成元が内蔵する時計に基づいて表示されるが、その時計が不正確だと当然ログの正確性が損なわれるため、無効な情報になってしまう。なぜなら、ログ生成元Aが表示した事象Aのタイムスタンプと、ログ生成元Bが表示した事象Bの相関性を見ることで全体像を把握したいにも拘らず、ログ生成元のAとBの内蔵時計が狂っていると事象の順番や、事象間の時間の長さが変わるため、全体像の解釈を大きく誤るといった事態に陥るからだ。

　次に第2の課題であるログ自体の安全性確保だが、一般的な情報セキュリティと同様に、「機密性」（Confidentiality）、「完全性」（Integrity）、「可用性」（Availability）の"CIA"の三要素に配慮する必要がある。なぜなら、ログにはシステム利用者のログインIDやパスワードなどのアカウント情報や、インターネットにアクセスした時の通信内容を含むものがある。また、システム故障やセキュリティ事故の状況を知らせる内容もあるため、経営的に重要な情報資産とした位置づけで「機密性」の確保が必要なのだ。また、生成元の不備でくるったタイムスタンプや、不正アクセス等で改ざんされた不正確なログは、当然、分析対象として利用価値はなく、説明責任の根拠になり得な

いため、「完全性」にも十分な配慮が必要だ。さらには、生成元からネットワークを介して集約して分析の結果を報告するログ管理の一連プロセスの中で、ログ転送の不備や容量不足によってログの欠損が生じてしまった場合にも説明責任が果たせなくなるため、「可用性」も確保しなければならない。

　要するに、ログ生成元が多種多様なうえに、デジタルトランスフォーメーションでオープン化が進み広範囲に点在する現状において、日々生成されるログをタイムリーに収集するログ転送技術や、それらが集約されてできるビッグデータを保管して利活用するための仕組み自体に、機密情報を取り扱うシステムレベルの高度なネットワークセキュリティやデータセンターセキュリティ、およびアプリケーションセキュリティなど、"CIA"の安全性が要求されるということだ。

　そして、第3の課題であるログ分析を行う人材確保とノウハウ蓄積は、持続可能なログ管理体制の確立に向けて、最重点課題といえるだろう。従来のITセキュリティに関わる業務はシステム管理者が兼務することが多く、ログ分析の業務は優先度の低い作業と見なされてきた。なぜなら、システム管理者の優先事項はシステムの利便性向上やダウンタイムの低減、およびシステム不具合やセキュリティ脆弱性の解決だからである。よって、システム管理者はログ分析を効率的に行うための技術的なトレーニングを受けておらず、組織的なノウハウの継承もされていないので、セキュリティ対策をリードする人材の不足が慢性化し、組織的なログ管理基盤や運用体制の整備も後回しになるという悪循環が起きている。その結果、世の中のトレンドに応じてセキュリティ対策製品を導入しても、その運用が放置された状態になるケースが多く、その機能を最大限に活用できないばかりか、システム管理者の貴重な稼働を無駄遣いすることになっているのだ。

　本来、セキュリティ対策製品には、危ないと思われる事象の危険度を判定して通知する機能が装備されている。その内容は、一般的にCritical/Serious/Medium/Informationといった表示であり、システム管理者は危険度の高いCriticalまたはSeriousの通知のみに対応することが多い。なぜなら、MediumやInformationの通知は量が膨大になるため、すべてに対応していると他の

図7-5

運用体制の不備が投資効率の低下を招く
セキュリティ機器の判断と専門家の判断が一致するのは36%に過ぎない

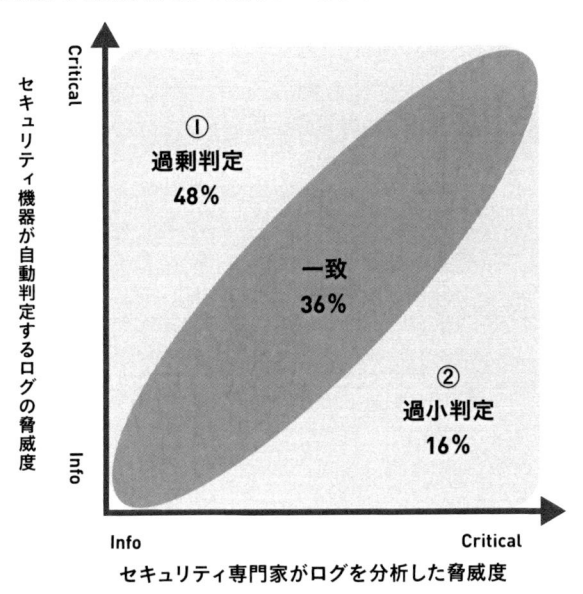

業務に支障をきたすほど稼働をとられてしまうからである。

ところが、マネージドセキュリティサービスプロバイダの独自調査による
と、セキュリティ対策製品が通知する危険度のうち妥当な判定は36%で、
実際には危険度の低い事象をCriticalと判定して通知するような過剰判定が
48%、逆に、実際には危険度の高い事象をInformationレベルで通知するよ
うな過小判定が16%もあるという（図7-5）。過剰判定の通知はシステム管理
者が初動対応して確認しても何も起きていないので、そのうち同様の通知を
無視するようになり、その結果、真の脅威を見逃すことにつながる。まさに
オオカミ少年的な存在といえる。一方、過小判定は実際に危ない事象を看過
し、セキュリティ事故を引き起こす可能性があるのだ。このように、人材確
保の課題は様々な問題を引き起こす要因で、かつ一足飛びに解決できないも

のなので難易度が高い。

　このように組織が抱えるログ管理の課題は多岐にわたり数多くあるが、解決に向けて基本的な取り組みポイントが4点ある。1つ目は、目的と優先順位の明確化。2つ目は、方針および手順の確立。3つ目は、基盤システム導入による効率化。そして、4つ目がログ分析を行うアナリストの体制化だ。そして、これらを総合的かつ効果的に実現する方法として推奨したいのが、SIEMの導入と、それに伴う運用体制の確立である。

　SIEMは、ICT環境に存在するネットワーク機器や端末類、およびセキュリティ対策機器などが生成するログを収集して統合的に管理する基盤システムと定義できる。脅威の予兆や痕跡は、それぞれのログの中に何らかの形で残されているが、昨今の手口が巧妙な攻撃の予兆や痕跡は、単体のログのみでは断片的で見極めることが難しい。こうした課題の解決策となるSIEMは、複数種類のログをIPアドレスや端末IDなどの識別子で関連付け、時系列に沿ってその内容を突合して攻撃を浮き彫りにする。要は、集められた複数のログの内容を横断的に分析し、異なるログの間を自動的に相関分析して、その関連性を踏まえて脅威の実態を可視化する機能を提供するものだ。

　ただし、この仕組みを成立させるためには多くのシステム要件を満たさなければならない。例えば、ログ生成元のタイムスタンプが正確なこと。ログを収集するネットワークの安全性が確立していること。ログを正規化して保管すること。ログを一元管理する大容量のストレージを確保すること。ログをリアルタイム、または一定期間遡って分析する処理能力を保有すること。ログの分析機能や手法を状況に応じて柔軟に改良できること。分析結果を分かり易く表示できることなどだ。また、これらの要件を具現化し持続可能にするためには、ログ生成元の技術的仕様を把握するスキル、様々な形態のログを正規化するスキル、ログの分析アルゴリズムを研究開発するスキル、統合ログ管理基盤システムを24時間365日ノンストップで運用するスキル、そして自社内におけるサイバーリスクの全容を理解し、ログ分析の目的や方針を打ち出し明文化するスキルなど、総合的な運用体制の確立が必要である。それがSIEMの適正性を確保するための成功の鍵となるのだ。

図7-6

SIEMによるログ管理体制の整備

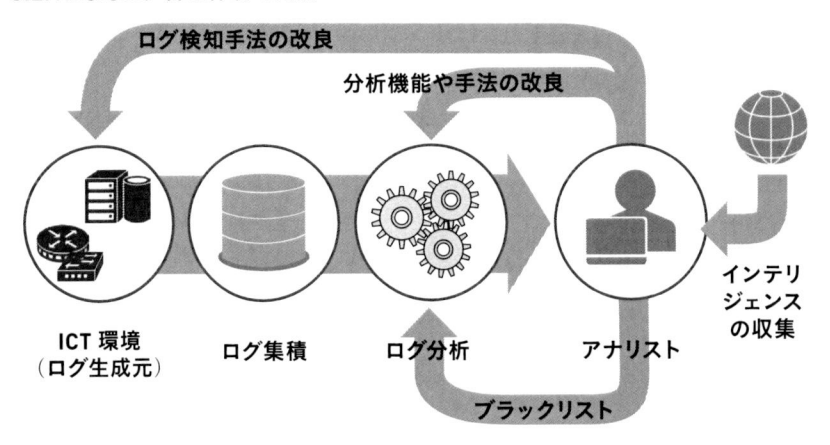

このようにSIEMの導入は、前述した組織が抱えるログ管理のための基本的な4つの取り組み事項の解決策に直結しており、必然的にログ管理体制を高度化するとともに、説明責任を大いにサポートするのである（図7-6）。

7.5 ゼロトラスト時代の 内部統制と説明責任

昨今のICT環境は、経営基盤の中心的な位置づけとして企業価値を左右する重要な要素になっている。その中で、働き方改革の推進などが追い風となってデジタルトランスフォーメーションは順調に進展しており、利便性や効率性を重視したクラウド基盤によってオープンかつグローバルな構造になりつつある。それらを一因として、ICT環境における内外の境界が曖昧になり、サイバーリスクが高まる傾向にあるため、今日のサイバー空間はゼロトラスト時代と言われるようになったのだ。要するに経営基盤であるICT環境は、いつ事故が起きてもおかしくない状況であり、それが分かっているか

らこそ何か起きた時に重大な説明責任を問われることになる。

そして、企業における説明責任とは、経営者が利害関係者に対して、その経営状況や権限行使の予定、内容および結果、または行うべきことを怠ったことが招いた事象などについて、合理的かつ論理的に報告を行う責務なのである。したがって、内部統制を強化することは、ハイリスクな状況化にあるICT環境の運用規定を厳格化し、従業員の自己防衛能力を高める営みとして極めて重要であり、経営者がサイバーリスクに対する説明責任を果たすうえで欠かせない取り組みの1つといえる。

一般的に内部統制とは、企業であれば経営目的を効率よく適正に達成するため、その組織の内部において適用される規定や業務プロセスを整備し、その結果確立されたシステムを運用することである。具体的には、組織形態や社内規定の整備、業務のマニュアル化や社員教育システムの整備、財務報告や経理の不正防止対策などの他に、規律を守りながら目標を達成させるための環境整備といった内容が挙げられる。そして、この環境整備の対象として中心に存在するのがICT環境であることは言うまでもないが、内部統制を目的としたICT環境の整備について、2つの対応策を紹介する。

1つ目は脅威インテリジェンスの共有と連携防御だ。ICT環境がオープンかつグローバルな環境になると、従業員はもちろんのことサプライチェーンの取引先なども含め、システム利用者にとって利便性が高まり、生産性も向上する。また、利害関係者とのタイムリーなコミュニケーションが可能になり、新たな価値の創造やビジネス領域の拡大などが期待できる。一方、その環境は攻撃者から見ても操り易く、侵害のための攻撃行為がローリスクでハイリターンな状況になることから、サイバー空間の犯罪者である攻撃者たちは組織化し、攻撃手法の開発投資を惜しまず日々巧妙化し続けている。その結果、特定の組織を狙った標的型攻撃や世の中に公表されていない脆弱性を突くゼロデイ攻撃など、侵害を防ぐことができない未知のリスクが高まっているのだ。このような状況において、防衛側である企業等は、もはや防ぐことができない侵害の事実を可能な限り早く察知して、被害の極小化を素早く実行するための内部統制が必要となる。その有効策の1つが脅威インテリ

図7-7

巧妙に侵害する脅威の可視化と迅速かつ的確な対応力

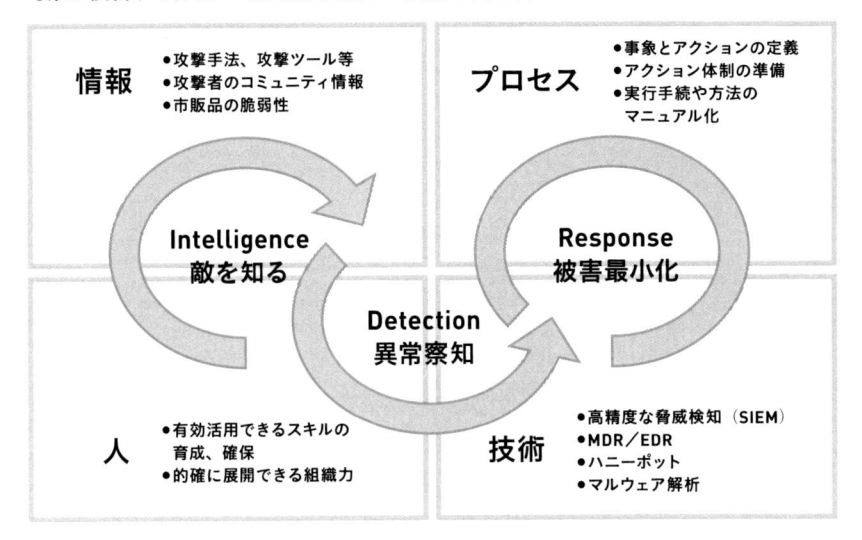

ジェンスの共有と連携防御の体制確立というわけだ。

　脅威インテリジェンスとは、サイバー空間の出来事や事故事例など様々な情報源から攻撃者の目的や手法などに関する情報を収集および分析することによって、防御に有益な知識を導き出し、組織的に利用可能な形式にしたものである。それらは、経営者が従業員向けに配信する社内報や掲示板で共有されるだけではなく、システム管理者が不正サイト等への通信制御を行うためのブラックリストとしても利用される。こうした運用を組織的に機能させることで連携防御体制を確立するのだ。

　例えば、グループ企業のサプライチェーンで情報漏洩事故が発生した場合に当てはめてみよう。まず、グループ本社のセキュリティ担当は、当該事故の詳細を収集し被害状況や原因、および攻撃の目的や手法など整理して、グループ内で同様のリスクが起き得ないかを確認する。そして、その状況を取りまとめた脅威インテリジェンスをグループ企業内に通達して注意喚起を促

すとともに、同じ手口で攻撃された場合に備えてブラックリストを追加更新し、関係各所のシステム管理者に配信。それぞれのシステム管理者は最新のブラックリストを利用して再発防止や二次被害を防ぐためにシステム環境を再整備することになるわけだ。

このような営みをタイムリーに実行するためには、経営者が平常時から内部統制の一環で「情報」「人」「プロセス」「技術」の体制を整備しなければならないことは言うまでもない。また、そういった平常時からの準備が不十分な場合には説明責任を問われることになるのだ（図7-7）。

昨今、この脅威インテリジェンスの共有と連携防御を支える解決策として、EDR（Endpoint Detection & Response）と呼ばれる技術が注目されている（図7-8）。一般的にセキュリティの運用管理工程は、「監視」「検知」「分析」「通知」「遮断・隔離」「調査・根絶」「復旧」「改善・予防」の8つに分けられるが、前半4つの工程は、SOC（Security Operation Center）といわれる24時間365日の運用体制で実行されることが多い。要は、侵害された事実を迅速かつ的確に現場へ通知するため、リアルタイムに脅威インテリジェンスを生成しているのだ。そして各現場のシステム管理者は通知された脅威インテリジェンスに基づいて、後半4つの工程を実行していくわけだ。しかし、各現場では担当者のスキル不足や24時間365日の対応ができるわけではないことから、結果的に、通知された脅威インテリジェンスが有効活用できないまま被害範囲が拡大する実態があり、セキュリティ運用管理体制における悩みの種になっている。

こうした課題の解決策となるEDRは、「監視」から「調査・根絶」までの一連工程をSOCが直接実行できる技術であり、侵害した脅威に対する連携防御体制を効率よく具現化するものだ。特に、EDRは内部統制すべきシステム利用者の端末ごとに管理通信用のソフトウェアを導入し、それをSOCから一元管理するため、当該利用者のスキルセットに依存することなく端末の適正性を管理することができる。また、侵害した脅威を端末ごとに調査することが可能となり、巧妙に忍び込み潜伏した脅威を洗いざらい検出して根絶することもできるようになるのである。

図7-8

EDR：Endopoint Detection & Response とは

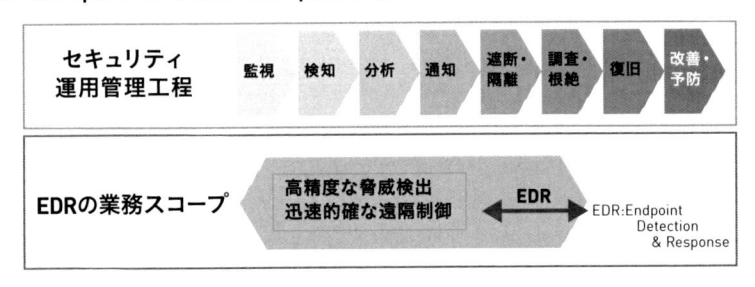

　さらに、グローバル環境下の内部統制を強化するためには、こうした対策を海外拠点や子会社、取引先に至るまで広げていかなければならない。なぜなら、攻撃者は組織の最も脆弱な箇所を見出して侵入してくるためである。しかしながら、実際にはセキュリティ人材の不足、あるいは資金面での制約などが問題となり、グループ企業内の全拠点にEDRなどを導入することは難しい。こうした課題に対応できる有効策がクラウドサービスを利用したグループセキュリティ基盤の導入だ。これは、グループ本社が提供するSecurity as a Serviceといった考え方のもので、グループ企業内で規定されたセキュリティ対策レベルが自立的に対応できない組織に適用される。このグループセキュリティ基盤を活用してインターネット通信の記録を一元的に収集し、分析することにより、網羅的なグループ独自の脅威インテリジェンスを生成することが可能となり、連携防御機能をより強化することができるのである。ただし、このような連携防御の対策で注意したいのが脅威の誤検知だ。誤った脅威インテリジェンスに基づく遮断や隔離の作業は、正常な通信や端末をICT環境から切り離し、業務に多大な影響を与える危険性がある。そのため、前述したSIEMとSOCの組み合わせなどによる高精度な脅威の可視化機能を併せて導入することを忘れてはならない（図7-9）。

　内部統制を目的としたICT環境の整備について、2つ目の対応策がコンプライアンスの定量的な可視化である。はじめに触れておくが、この対応策は

図7-9

グループ経営を守るインテリジェンス共有と連携防御

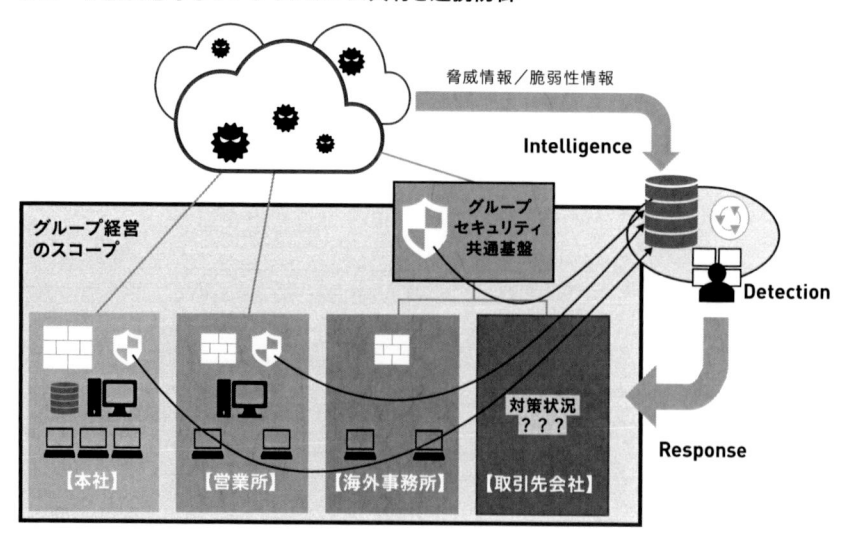

経営者が従業員を監視することが目的ではなく、ゼロトラスト時代のICT環境に従事する社員一人ひとりをサイバーリスクから守ることが第一義だ。要は、オープンかつグローバルな環境下で活動する社員をサイバー空間の危険から守るため、システム利用状況などの記録を一元的に管理し、セキュリティ事故を未然に防ごうとするものなのである。

　この対応策を成立させるためには、最初にコンプライアンスの土台となるセキュリティポリシーなどの厳格化を行う必要がある。従来の規定類は性善説で作られているケースが多く、その判断は従業員に委ねられていたが、ICT環境のオープン化が進展しいつでもどこからでもアクセスできるようになった昨今のシステム利用形態を考慮すると、性悪説または性弱説に基づいて、やってはいけない行為などを明確に記した規定内容が要求されるからだ。

　次に、その規定類をグループ企業の全従業員向けに教え、その修得の証と

して経営者と従業員の間で誓約書を取り交わすなど、従業員一人ひとりに責任を課して現実的なものとし、組織的な認知を確立させる必要がある。組織としてコンプライアンスを明確化するこの取り組みは、意図的な内部不正の3要素といわれる「動機」「機会」「正当化」の低減化も期待できるので、内部統制の質的高度化のためにも効果的である。

そして最後に、コンプライアンスを定量的に可視化するログ管理基盤を導入するわけだが、この対応策は規定類の整備や社員教育といった丁寧な段取りがなければ、組織的な説得力が半減し有効性を発揮しないので注意したい。

このログ管理基盤は、一般的なSIEMが管理するネットワーク機器やセキュリティ機器などが生成するログに加えて、入退室履歴などの物理セキュリティのログや、従業員が利用するパソコン操作履歴などのログを一元的に収集し分析することになる。その結果として、平常時の社員一人ひとりの働き方や行動に対する定量的なベースラインを設定し、あらかじめコンプライアンスに関わる異常な振舞いに点数を割り振っておくことで、社員一人ひとりの業務遂行状況をタイムリーに計算して、その中の異変を定量的に表示する仕組みを提供するものだ（図7-10）。

例えば、平日の日勤帯で勤務している従業員が土曜日の23時に入室して何らかのシステムにアクセスした。あるいはアクセス権限をもっていないサーバーのフォルダを開こうとしたというような違反行為を定量化し、その合計点数がしきい値を上回った場合には当該従業員の管理者に警告を通知する。また、その警告を従業員に開示することも有効だろう。そうすることでいつもより点数が高いのは、間違ってあのフォルダを開こうとしてしまったからだというような原因を認識し、自身のコンプライアンス違反や操作ミスに気づくことができるからである。こういった仕組みやその運用方法は、あらかじめ従業員と経営者の間で目的を理解し合いルール化しておくことが必要だ。なぜなら、業務上の曖昧かつ一方的な警告はハラスメントやプライバシー侵害として受け止められる恐れがあるからだ。このような点に配慮するためにも、性悪説や性弱説に基づく規定類の整備は、この対応策の重要な前

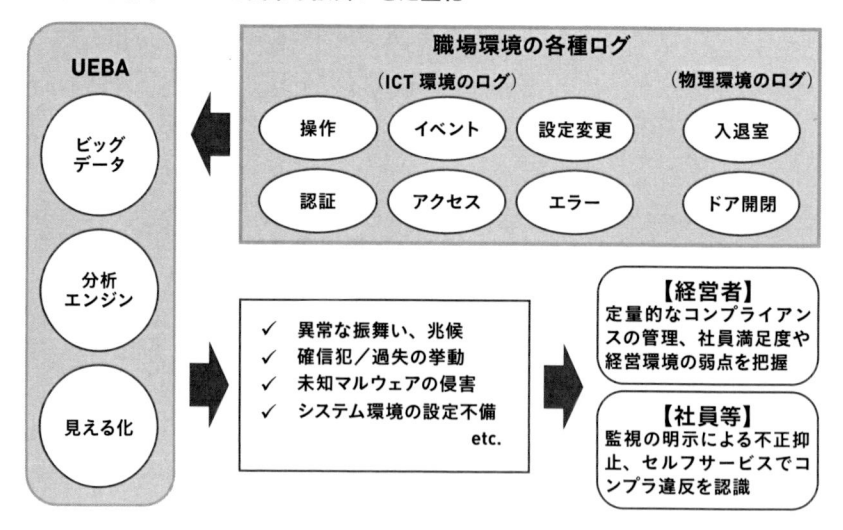

図7-10

ユーザーと端末レベルの異常な振舞いを定量化

提条件といえる。

　さらに、経営者は得られた分析結果を組織単位で評価することで、全社的なコンプライアンスの状況を把握するとともに、コンプライアンス低下の背景といわれる従業員満足度の指標などにも活用し、定量的なデータに裏付けされた的確かつ説得力のある内部統制の仕組みが確立できるのである。このように、ICT環境を十分に整備し内部統制を強化することは、より確実に説明責任を果たすための土台づくりとして重要なのである。

　もはやいつ事故が起きても不思議ではないゼロトラスト時代のサイバーリスクマネジメントについて、どのように対策を行っていくべきなのか、"説明責任"をキーワードに解説してきた。繰り返し述べてきたように、未知のリスクも含め様々なサイバーリスクが溢れる状況の中で、説明責任の責務を全うできるICT環境を構築することが非常に重要であり、今後の経営や組織運営にとって必須課題である。本章で述べてきた対応策を実行すること

で、デジタルトランスフォーメーションの「影」となるサイバーリスクを的確に制御し、光となる新たな価値の創造とグローバル環境下での企業価値の向上に貢献すると信じてやまない。

おわりに

　本書は、我が国の組織の経営者または経営に関わる方々が、サイバーリスクマネジメントを推進する際に必要となる基礎知識と実践法の解説書である。竹内文孝が「はじめに、第1章、第2章、第7章」を、伊藤潤が「第3章、第4章、第5章、第6章、用語集」を担当した。伊藤の担当部分は、2018年に一般社団法人サイバーセキュリティプロフェッショナルズプロデュースが開催したセミナーでの講義が元になっている。今回の出版に際し、好評を博した18時間におよぶ講義を凝縮した上で内容のアップデートと加筆がなされている。また、両氏およびプロジェクトメンバーで、原稿執筆から校正の過程で相互に検討を行い、一貫した記述を心がけた。

　令和元年を迎えた今、我が国ではインターネットが普及してから四半世紀が経つ。1990年代中盤に大企業では社員一人ひとりの机に、インターネットに接続されたPC端末が支給された。それまではオフィスのフロアの隅にワープロ機があり、自席から移動して文書を作成して印刷、それからFAXか郵便を使うというのが、情報伝達プロセスであった。ビジネスを推進するうえで、いまやPCは無くてはならない道具となっている。その反面で、見えない闇の世界においては、より無くてはならない便利な道具であることを、一貫して認識する必要がある。

　国内のセキュリティ史は大きく3つの時代に分けられる。1994年から1999年頃まではインターネット接続に際して、外部ネットワークと内部ネットワークの境界を守る「ネットワークセキュリティの時代」であった。その後の2000年から2012年頃までは情報（インフォメーション）の機密性、完全性、可用性が求められる「情報セキュリティの時代」であった。ネット

ワークを介してやりとりされる情報も対象とされた。

　これらの時代では、セキュリティとは「受動的な"防御"」に過ぎなかった。

　本書第3章3.1「サイバーセキュリティの転換点」にあるとおり、2013年－2014年を境に状況はガラリと変わった。「能動的に"検知"し、能動的に"対応"」することが求められる「サイバーセキュリティの時代」に突入したのである。

　「能動的な"検知"や"対応"」を実現するには「インテリジェンス」が不可欠になる。つまり、サイバーセキュリティとはインテリジェンスを用いて能動的に事態を征圧することである。

　一般的にリスクマネジメントには、回避、移転・共有、低減、許容・保有の4つの対応策があるとされる。回避が困難であるサイバーリスクに関しては「リスクを許容するのか、低減するのか、移転するのか」について、経営判断がなされなければならない。

　2018年以降、米国や英国では高まりを見せている「サイバーリスク保険」は「リスクの移転」に該当する。それには組織のセキュリティポリシー改定が伴う。

　その他にもCSIRTを設置し有事に権限委譲がなされること、サイバーリスクに対して的確な経営判断を行うCISOの設置など、多様なサイバーリスクマネジメント対策の実施が急がれる。

　我が国における経営者または経営に関わる方々には、「サイバーリスクマネジメント」が経営の一環であることを正しく認識し、情報システム部門に一任することなく、自ら検討し、決断していただきたい。本書が貴組織のサイバーリスクマネジメントの一翼を担うことを心から願う。

謝辞

当プロジェクトメンバーとして全面的にアシストいただいた、NTTコミュニケーションズ株式会社の太田直木氏、原卓生氏、英敏秀氏、そして、一般

社団法人サイバーセキュリティプロフェッショナルズプロデュースの中島一樹氏に、心から御礼を申し上げる。彼らのご支援がなければ本書が世に出ることは困難であった。

　また、企画案から編集および出版に際し、全行程を円滑に進行いただいたNTT出版の水木康文氏に厚く感謝を申し上げる。

　2019年6月17日

本書監修：CISSP, 大河内 智秀

用語集

▶アルファベット

AD（Active Directory：アクティブディレクトリ）

Windows Server上で実行され、アクセス許可とネットワークリソースへのアクセスを管理するためのいくつかのサービスで構成されるMicrosoft製品。ADは特別な権限を持つ管理者アカウントで管理されるが、ADを乗っ取ることができれば、ネットワーク内のすべてのユーザーやPCへアクセスが可能となるため、攻撃者はネットワーク内に侵入後ADの権限奪取を目指す。

AIDSウイルス

1989年に初めて登場したランサムウェア。AIDS（後天性免疫不全症候群）の研究を行っていたジョセフ・ポップ博士がPCサイボーグと呼ばれるトロイの木馬を開発した。コンピュータがランサムウェアに感染するとすべてのフォルダが隠され、Cドライブのファイル名を暗号化した。次に、PC Cyborg Corporationに$189USを送るよう通知するダイアログボックスが開いた。後に、博士はその裁判で、身代金はエイズ研究のために使う予定であったと述べた。

Akamai Technologies, Inc.

アメリカの大手ネットワーク事業者。1998年に創業したAkamai（アカマイ社）は、米国マサチューセッツ州ケンブリッジに本社を置き、世界中にコンテンツ配信ネットワーク（CDN）サービスを提供している。DDoS攻撃やウェブアプリケーション攻撃からウェブサイトおよびAPIを保護する柔軟なアプリケーション・セキュリティ・ソリューションを提供している。世界139ヵ国にまたがるおよそ1600のネットワークに、約23万9000台のサーバーが配置されている。

APT攻撃（Advanced Persistent Threat：高度継続的標的型攻撃）

侵入者が執拗に継続的にネットワークにアクセスし、長期間検出されないままで長期にわたる標的型のサイバー攻撃。APT攻撃の目的は通常、ネットワーク

や組織に損害を与えるのではなく、ネットワーク活動を監視してデータを盗むことである。APT攻撃は主に、国防、製造、金融などの分野の組織を対象としている。ほとんどのAPT攻撃は、迅速に攻撃を終えるのではなく、ターゲットとなるネットワークへの継続的なアクセスを維持し潜伏する。

CDM（Continuous Diagnostics and Mitigation：継続的な診断と緩和）

米国連邦政府のネットワークとシステムのサイバーセキュリティを強化するための動的な対策プログラム。CDMプログラムは、米国連邦政府機関に機能と市販のツールを提供し、継続的にサイバーセキュリティリスクを識別し、潜在的な影響に基づいてこれらのリスクに優先順位を付け、サイバーセキュリティ担当者が最も重要な問題を最初に軽減できるようにする。

CDN（Contents Delivery Network：コンテンツ配信ネットワーク）

Webアプリケーションやストリーミングメディアなどのコンテンツを配信するために最適化され、高度に分散されたサーバーのプラットフォーム。このサーバーネットワークは、Webコンテンツに対するエンドユーザーからの要求にオリジンサーバーに代わって直接応答するために、世界中の多くの物理的およびネットワーク上の場所に分散している。

CISA（Cybersecurity and Infrastructure Security Agency：サイバーセキュリティ・インフラストラクチャーセキュリティ庁）

米国DHS（Department of Homeland Security：国土安全保障省）の中のサイバーセキュリティ政策を一元的に実施する部門。National Protection and Programs Directorate（NPPD：国家防護計画局）を2018年に格上げして庁にしたもの。

CISSP（Certified Information Systems Security Professional）

(ISC)^2 (International Information Systems Security Certification Consortium) が認定を行っている国際的に認められた情報セキュリティ・プロフェッショナル認証資格。CISSP認定資格は、情報セキュリティの共通言語とも言える『(ISC)^2 CISSP CBK』を理解している情報セキュリティ・プロフェッショナルのみに与えられる資格であり、その取得は、国内外において、個人および所属組織の信用・信頼の獲得につながる。

CSIRT（Computer Security Incident Response Team）

組織内の情報セキュリティ問題を専門に扱う、インシデント対応チーム。

CSIRTは、発生したインシデントに関する分析、対応を行うだけでなく、セキュリティ品質を向上させるための教育、監査などの活動を行う組織である。その活動の目的は、効果的なインシデントレスポンスを実践し、事業リスクを軽減することである。

CryptWall

ビットコインによる身代金の支払いを要求した最初のマルウェア。2013年9月頃に米国で初めて感染が確認され、日本国内においても2015年11月頃から感染が確認され始めた。主に電子メールキャンペーン、危険にさらされたウェブサイト、悪意のある広告、またはその他のマルウェアを介して拡散される。システムがランサムウェアに感染するとRSA 2048ですべてのファイルとデータを暗号化する。ファイルを復元するために $200 〜 $1000 を Tor (匿名のブラウザ) を使用しビットコインで支払うよう要求される。

Cyber Hygiene

コンピュータシステムやその他のデバイスのユーザーがシステムの健全性を維持し、オンラインセキュリティを向上させるために講じる慣習や手順の総称。個人が健康と幸福を維持するために特定の個人衛生慣習を行っているのと同じように、サイバー衛生習慣はセキュリティパッチ、安全なパスワード、データのアクセス権等を十分に維持することで、機密性を妨げる可能性があるマルウェアなど外部からの攻撃から保護することができる。

CWE (Common Weakness Enumeration：共通脆弱性タイプ一覧)

ソフトウェアにおけるセキュリティ上の弱点 (脆弱性) の種類を識別するための共通の基準。SQLインジェクション、クロスサイト・スクリプティング、バッファオーバーフローなど、多種多様にわたるソフトウェアの脆弱性を識別するための、脆弱性の種類 (脆弱性タイプ) の一覧を体系化して提供している。

Darktrace, Ltd.

ケンブリッジ大学の数学者と米国と英国の政府のサイバーインテリジェンスの専門家によって2013年に設立された企業。機械学習機能を使ってネットワーク上の異常検出を行う製品を開発した。Darktraceは、今日、サイバーセキュリティの世界をリードするAI企業として認められている。Darktraceの先駆的な技術であるEnterprise Immune Systemは、AIをサイバー防御の課題に初めて適用し、既存のレガシーシステムでは不可能なサイバー脅威の検出に成功し

た。

DDoS攻撃 (Distributed Denial of Service)

大量のインターネットトラフィックでターゲットまたはその周囲のインフラストラクチャを圧迫することによって、ターゲットとなるサーバー、サービス、またはネットワークの通常のトラフィックを妨害する悪意のある攻撃。悪用されるコンピュータには、サーバーだけでなく監視カメラやIoTデバイスなどの他のネットワークリソースが含まれる場合がある。DDoS攻撃は高速道路の交通渋滞のようなもので、通常のトラフィックが目的地に到着するのを妨害する。

DHS (Department of Homeland Security：米国国土安全保障省)

米国が直面する多くの脅威から国家を守るという極めて重要な使命を担う省。航空や国境警備からサイバーセキュリティ、化学施設検査官等の緊急対応まで、24万人以上の従業員の献身により任務が行われる。2001年の9.11事件を未然に防ぐことができなかったという反省から、それまで多数に分立していた20以上の安全に関する情報機関を統合しようとして2002年11月に設立された。

EDR (Endpoint Detection and Response)

エンドポイントでの検出と対応によって、エンドポイントで稼働するプロセスの監視を強化し、標的型攻撃やランサムウェアなどによるサイバー攻撃を検出して対応するために使用するセキュリティソリューション。

Flaw

システム（ハードウェア、ソフトウェア、ネットワークなど）に内在する不具合（欠陥）のこと。欠陥に対して攻撃用のプログラムが作成されると、欠陥は脆弱性に変わる。脆弱性に有効なパッチプログラムが作成されるまでは、ゼロデイ脆弱性と呼ばれる。

Gartner, Inc.

米国のリサーチ会社。AIを駆使して人間の行動パターンを解析し、潜在的な脅威を検出する手法UEBA (User and Entity Behavior Analytics) を提唱。

GSOC （Government Security Operation Coordination Team）

日本国政府機関情報セキュリティ横断監視・即応調整チーム。NISC（内閣サイバーセキュリティセンター）の一部門。

Heaven's Gate

32bitプロセスから64bitプロセスのコードを呼び出すことを可能とした高度なテクニック。これにより32ビットのマルウェアが、64ビットOSで稼働することが可能となる。

IDS （Intrusion Detection System：不正侵入検知装置）

攻撃者が既知のサイバー脅威を使用してネットワークから攻撃していることを示す兆候がないか、ネットワークトラフィックを分析および監視する装置。IDSシステムは、現在のネットワークアクティビティを既知の脅威データベースと比較して、セキュリティポリシー違反、マルウェアの活動、ポートスキャンなどのさまざまな種類の動作を検出する。

IOC （Indicator Of Compromise）**ファイル**

マルウェアの侵入痕跡をデータ化したファイル。侵害された程度を指標化したもので、情報共有を行い活用する。IOCは、攻撃されたコンピュータに残される痕跡であり、ウイルスシグネチャ、攻撃元のIPアドレス、マルウェアのMD5ハッシュ、URL、ドメイン名、C2サーバーなどのアーティファクト（採取した情報）である。これらのアーティファクトにより、セキュリティの専門家は侵入の試みやその他の悪質な活動を検出することができる。

IPA （Infomation technology Promotion Agency, Japan：独立行政法人情報処理推進機構）

1970年情報処理振興事業協会として設立。ソフトウェア開発振興を中心に事業を実施。1990年代以降、いち早く情報セキュリティ対策への取り組みを本格化した。「情報セキュリティ・パイオニア」と位置付けられる。2004年の独法化以降も、情報セキュリティの対策を随時強化拡大。現在は情報セキュリティ対策を中心として、システムの信頼性対策およびIT人材育成施策を実施している。

ISMS （Information Security Management System：情報セキュリティマネジメントシステム）

個別の問題ごとの技術対策の他に、組織のマネジメントとして、自らのリスク

アセスメントにより必要なセキュリティレベルを決め、プランを持ち、資源を配分して、運用するシステム。ISMSが達成すべきことは、リスクマネジメントプロセスを適用することによって情報の機密性、完全性および可用性をバランス良く維持・改善し、リスクを適切に管理しているという信頼を利害関係者に与えることにある。

JNSA（Japan Network Security Association：日本ネットワークセキュリティ協会）
ネットワークセキュリティに関する啓発、教育、調査研究および情報提供に関する事業を行う、特定非営利活動法人。

JVN（Japan Vulnerability Notes）
日本で使用されているソフトウェアなどの脆弱性関連情報とその対策情報を提供し、情報セキュリティ対策に資することを目的とする脆弱性対策情報ポータルサイト。脆弱性関連情報の受付と安全な流通を目的とした「情報セキュリティ早期警戒パートナーシップ」に基づいて、2004年7月よりJPCERT コーディネーションセンターと独立行政法人情報処理推進機構（IPA）が共同で運営している。

JVN iPedia
上記JVNに掲載される脆弱性対策情報のほか、国内外問わず日々公開される脆弱性対策情報のデータベース。

Keen Security Lab
中国テンセントのサイバーセキュリティ研究部門。2016年1月1日設立。ハッキングコンテスト「Pwn2Own」で2016年から4年つづけて8つの優勝タイトルを獲得した。

Lockheed Martin Cyber Kill Chain（ロッキード・マーチン・サイバーキルチェーン）
2009年ロッキード・マーチン社によって命名・公表された標的型攻撃の手法。

Mirai
2016年インターネットにつながるIoT機器をBOT化して、大量のトラフィックを発生させた攻撃およびそのマルウェアの名前。同年9月20日、米国のセキュリティジャーナリストのWebサイト「Krebs on Security」が最大で620Gbpsを超える大規模なDDoS攻撃を受けた。このDDoS攻撃は、Miraiと

呼ばれるマルウェアに感染したIoT機器によって構築されたBOTネットから行われた。Miraiは、脆弱なIoT機器を定期的にスキャンして感染し、BOTネットに取り込む。Miraiは初期設定で使われることの多いユーザー名・パスワードの組み合わせ62組からなるリストを使用して、脆弱な機器をスキャンする。

MITRE
米国連邦政府の資金提供を受け、より安全な世界のため問題解決に専念する複数の研究開発センター（FFRDC）を運営する非営利会社。MITREは、FFRDCと官民パートナーシップを通じて、米国の安全、安定、そして幸福を脅かす問題に取り組むために、政府を越えて働いている。MITREのユニークな立場は、防衛と諜報、航空、民間システム、国土安全保障、司法、医療、そしてサイバーセキュリティ分野において革新的で実用的なソリューションを可能にする。

MSS（Managed Security Service：マネージドセキュリティサービス）
IT システムのセキュリティを維持するために、人材・装置・技術を補うことを目的としたサービス。主に、ファイアウォール、侵入検知／防御システム（IDS/IPS）、アンチウイルスソフトウェアといったセキュリティ対策製品・装置の導入や、運用に関する支援、セキュリティインシデントが発生した際の調査や対策に関する支援等が提供される。

NCSC（National Cyber Security Centre）
英国の国家サイバーセキュリティセンター。政府通信本部（GCHQ）傘下に2016年に設立された。民間や諸外国のカウンターパートとともに対外的な活動を行う部署の機能を1つに集めて窓口一本化を図り、サイバーセキュリティに関して政府として統一した助言、指針、支援、サイバー攻撃対策を行う。

NISC（National center of Incident readiness and Strategy for Cybersecurity：内閣サイバーセキュリティセンター）
2014年11月成立のサイバーセキュリティ基本法に基づき、2015年1月、内閣に「サイバーセキュリティ戦略本部」が設置されるに伴い、内閣官房に設置された組織。行政各部の情報システムに対する不正な活動の監視および分析、サイバーセキュリティの確保におそれがある重大な事象の調査、必要な助言、その他の援助の提供、必要な監査等に携わる。

NIST（National Institute of Standards and Technology：米国標準技術研究所）

1901年に設立された、技術・産業に関する標準規格整備をになう米国の政府機関研究所。現在は商務省に属する。スマート電力網や電子健康記録から原子時計、先進のナノ材料、そしてコンピュータチップまで、無数の製品やサービスが、何らかの形でNISTの提供する標準に依存している。

NIST CSF

NISTが提供するサイバーセキュリティフレームワーク。この自主的フレームワークは、サイバーセキュリティ関連のリスクを管理するための標準、ガイドライン、およびベストプラクティスで構成されている。優先順位付けされた、柔軟で、そして費用対効果の高いアプローチは、インフラストラクチャ、経済、国家安全保障など重要な各部門の保護と回復力をサポートする。

NOTICE（National Operation Towards IoT Clean Environment）

サイバー攻撃に悪用されるおそれのあるIoT機器の調査および当該機器の利用者への注意喚起を行う日本政府の取り組み。総務省および国立研究開発法人情報通信研究機構（NICT）が、インターネットプロバイダと連携し、2019年2月20日から実施。インターネット上のIoT機器に、容易に推測されるパスワードを入力することなどにより、悪用されるおそれのある機器を調査し、当該機器の情報をインターネットプロバイダへ通知するもの。インターネットプロバイダは、当該機器の利用者を特定し、注意喚起を行う。

Olympic Destroyer

2018年2月平昌オリンピックの攻撃に使われたOlympic Destroyerはワイパー型（破壊型）のランサムウェア。オリンピックの公式Webサイトをダウン、スタジアム内Wi-Fiを使用不能、オリンピック放映（ドローン飛行）へも影響を及ぼした。

OPM（Office of Personnel Management：米国連邦政府人事管理局）

米国連邦政府の最高人事局および人事ポリシー管理部門。連邦政府機関に対し、人的資源および従業員管理サービス、退職給付、医療および保険プログラム、公務員へのメリットベースならびに包括的な雇用を管理・監督し、安全な雇用プロセスを提供する。

OT（Operation Technology）

従来のITではない、IoT、工場の制御設備、ビル制御システムなどの総称。交通・鉄道・電力・上下水道などの重要な社会インフラ等において、サービス提供を維持するために必要な製品や制御設備関連システムを適切に動かし続けるための「制御・運用技術」のこと。

OWASP（Open Web Application Security Project）

2004年4月21日に米国で設立された非営利慈善団体。Webをはじめとするソフトウェアのセキュリティ環境の現状、またセキュアなソフトウェア開発を促進する技術・プロセスに関する情報共有と普及啓発を目的としたプロフェッショナルの集まる、オープンソース・ソフトウェアコミュニティである。

Process Hollowing（プロセス・ハロウィング）

Windowsの正規プロセスの中身をマルウェアと入れ替えることでマルウェアを隠蔽する攻撃手法。

Ransomware（ランサムウェア）

感染したコンピュータのデータを暗号化し、システムへのアクセスを不可能にするマルウェアの一種。これを解除するために、マルウェアの作者に身代金（ransom：ランサム）を支払うよう要求する画面が表示される。最近では身代金を払っても解除できない、破壊型（ワイパー型）のランサムウェアも登場している。

SIEM（Security Information and Event Management：セキュリティログ管理基盤）

様々な機器が生成するログを一元的に集中管理するとともに、アラートや様々なログを照らし合わせて相関分析を行う、統合的なログ管理システム。SIEMによる一連の作業をリアルタイムかつ自動的に行うことで、脅威を早期発見し、アラート（警告）を発する仕組みを構築することができる。

SOC（Security Operation Center：セキュリティオペレーションセンター）

ファイアウォールや侵入検知システム（IDS）等のセキュリティ機器、ネットワーク機器や端末のログなどを24時間365日リアルタイムで監視する組織。発したアラート（警告）によっては起きた事象を分析し、脅威となるインシデントを発見や特定し、インシデント対応を行うCSIRTへ連絡する役割を担っている。インシデント対応の最中は、CSIRTと連携し、インシデントの影響範囲を

調査し、今後想定されうるリスク事象の分析・評価を支援する。

Sqrrl Data, Inc.

2012年に設立され、ビッグデータ解析とサイバーセキュリティのソフトウェアを販売する米国のAIサイバーセキュリティ会社。Threat Huntingのリーディング・カンパニー。同社は、米国情報コミュニティと国家安全保障局（NSA）にルーツをもっている。Sqrrlは、Apache Accumuloおよび他の関連Apacheプロジェクトの作成に関与し、それらに積極的に貢献している。Sqrrlの主力製品は、高度な持続的脅威を能動的に検出するために設計された脅威検出プラットフォームである。2018年1月、SqrrlはAmazonに買収された。

Threat Hunting

能動的なサイバー検知活動のひとつ。既存のセキュリティソリューションを回避する高度な脅威を検出して隔離するために、ネットワークやエンドポイントを能動的かつ反復的に探索。これは、ファイアウォール、侵入検知システム（IDS）、マルウェアサンドボックス、SIEMなどが発するアラート（警告）を受けてから始める従来の活動とは対照的である。

TTP（Tactics, Techniques and Procedures）

攻撃の意図、攻撃者の行動や手口、攻撃者が使用するリソース、攻撃対象、攻撃段階フェーズなどの視点から割り出されたサイバー攻撃者の特徴についての記述。攻撃者の行動や手口には、攻撃のパターン、使用されたマルウェアなどの項目があり、攻撃者が使用するリソースには、攻撃で用いたツール、攻撃者の攻撃基盤の情報が、攻撃対象には、攻撃対象となるシステム、攻撃対象となる情報が含まれている。

UEBA（User and Entity Behavior Analytics）

AIを駆使して人間の行動パターンを調べ、アルゴリズムと統計分析を適用することで、それらの行動パターンから意味のある異常、つまり潜在的な脅威を検出する手法。

UPnP（Universal Plug and Play：ユニバーサル・プラグ・アンド・プレイ）

XML技術をベースに開発されたネットワークプロトコルのひとつで、ネットワーク機器どうしの相互自動認識方式。例えば、ネットワークカメラと録画機器やルーターが自動的に接続完了する仕組み。

Vulnerability
狭義には、ソフトウェアの欠陥または弱点。広義には、悪用されるとセキュリティ違反や、システムセキュリティポリシーに違反する可能性が生じるシステムセキュリティ手順、設計、実装、または内部統制の欠陥または弱点。

VDI（**Virtual Desktop Infrastructure**）
仮想デスクトップを実現するためのインフラ環境であり、クライアントOSのデスクトップ環境を仮想化し、サーバー上で動かす方式。ユーザーは端末から、ネットワーク経由でサーバー上の仮想デスクトップにアクセスし、実際にはサーバー上で動いているWindowsの画面のみを手元にある端末に表示する。手元にある端末とサーバー間は、マウスやキーボード等の操作データと画面データをやり取りする。

WannaCry
Microsoft Windowsを標的としたワーム型ランサムウェア。2017年5月12日から大規模なサイバー攻撃が開始され、150ヵ国の23万台以上のコンピュータが感染し、暗号化されたコンピュータデータの身代金を仮想通貨ビットコインで要求された。

▶和文

アカマイ社 → Akamai Technologies, Inc. を参照

アクティブディレクトリ → ADを参照

アトリビューション（**Attribution**）
サイバー攻撃者を特定すること。ただし実際に攻撃者を特定することは難しい。

ガートナー社 → Gartner, Inc. を参照

脅威分析 → Threat Huntingを参照

共通脆弱性タイプ一覧 → CWEを参照

「クラウドサービス事業者が医療情報を取り扱う際の安全管理に関するガイドライン」
総務省が2018年7月に公表。「ASP・SaaS事業者が医療情報を取り扱う際の安全管理に関するガイドライン（1.1版）」（2010年公表）を見直したもの。

「クラウドサービス提供における情報セキュリティガイドライン（第2版）」
総務省が2018年7月に公表。「クラウドサービス提供における情報セキュリティ対策ガイドライン（第1版）」を改訂したもの。

「クラウドサービス利用のための情報セキュリティマネジメントガイドライン2013年版」
経済産業省が2013年に更改した、「クラウド利用者と事業者における信頼関係の強化に役立てる」ことに寄与するためのガイドライン。2011年の初版に、顕在化したリスクに対するセキュリティ要求事項の追加、国際的な動向を踏まえた追補を行った。

クリプトウォール → CryptWallを参照

継続的な診断と緩和 → CDMを参照

高度継続的標的型攻撃 → APT攻撃を参照

コンテンツ配信ネットワーク → CDNを参照

サイバーセキュリティ・インフラストラクチャーセキュリティ庁 → CISAを参照

サイバー衛生 →Cyber Hygieneを参照

「サイバーセキュリティ経営ガイドライン」
経済産業省が策定したガイドライン。独立行政法人情報処理推進機構（IPA）とともに、大企業および中小企業（小規模事業者を除く）のうち、ITに関するシステムやサービス等を供給する企業および経営戦略上ITの利活用が不可欠である企業の経営者を対象に、経営者のリーダーシップの下で、サイバーセキュリティ対策を推進することを目的とする。サイバー攻撃から企業を守る観点で、

経営者が認識する必要のある「3原則」、および経営者が情報セキュリティ対策を実施する上での責任者となる担当幹部 (CISO等) に指示すべき「重要10項目」をまとめている。

「サイバーセキュリティタスクフォース」

2017年度に情報通信分野において講ずべき対策や既存の取り組みの改善など幅広い観点から検討を行い、必要な方策を推進することを目的とした総務省の研究会。あらゆるものがインターネット等のネットワークに接続される IoT/AI 時代が到来し、安心安全な国民生活や、社会経済活動維持の観点から、それらに対するサイバーセキュリティの確保を目的とする。

サンドボックス環境

サンドボックスとは、砂場・砂箱という意味をもち、ソフトウェアプログラムがシステム内の他のリソース (プログラムなど) に影響を及ぼすことがないように隔離された環境のこと。マルウェアの判定を行う際に他のシステムへ影響の出ないサンドボックス環境で実行させることにより、安全にマルウェアの動的検証を行うことができる。

システムの欠陥 → Flawを参照

「情報セキュリティサービス基準」

2018年経済産業省が、セキュリティサービス審査登録制度に関する検討会および、有識者やパブリックコメントでの御意見等を踏まえて策定した基準。多くの情報セキュリティサービスが提供されているが、専門知識をもたないサービス利用者が、サービス事業者の選定時にそのサービスの品質を判断することは容易でないため、情報セキュリティサービスについて一定の品質の維持向上が図られていることを第三者が客観的に判断し、その結果を台帳等でとりまとめて公開することで、利用者が調達時に参照できるような仕組みが提供される。

スクアラル社 → Sqrrl Data, Inc.を参照

ゼロデイ脆弱性

セキュリティパッチが開発される前に、攻撃用プログラムが開発されてしまった場合の欠陥を指す用語。プログラムにセキュリティの欠陥が発見された場

合、通常はソフトウェア会社に報告され、その後、ソフトウェア会社はこの問題を修正するためのセキュリティパッチを開発する。ところが、セキュリティパッチが開発される前に、この欠陥が公になり、攻撃用プログラムが先に開発されてしまうと、この欠陥はゼロデイ脆弱性と呼ばれる。セキュリティパッチが開発された後は、単に脆弱性と呼ぶ。

ダークトレース社 → Darktrace, Ltd. を参照

「地方公共団体における情報セキュリティ監査に関するガイドライン」
総務省が2018年9月に更改した、地方公共団体の情報セキュリティポリシーに遵守した取り組みを監査するためのガイドライン。

「地方公共団体における情報セキュリティポリシーに関するガイドライン」
総務省が2018年9月に更改した、地方公共団体の情報セキュリティポリシーを策定するためのガイドライン。

「電気通信事業法及び国立研究開発法人情報通信研究機構法の一部を改正する法律」
NICTの業務に、サイバー攻撃に悪用されるおそれのあるIoT機器などの調査等を追加 (5年間の時限措置) する法律。2018年5月23日公布。

テンセント社 (騰訊：Tencent)
中華人民共和国広東省深圳市に本拠を置く、インターネット関連の子会社を保有する持ち株会社。売上高では世界最大のゲーム会社であり、子会社を通してソーシャル・ネットワーキング・サービス、インスタントメッセンジャー、Webホスティングサービスなどを提供している。

独立行政法人情報処理推進機構 → IPA を参照

日本ネットワークセキュリティ協会 → JNSA を参照

不正侵入検知装置 → IDS を参照

プロセスハロウィング → Process Hollowing を参照

分散型サービス妨害攻撃 → DDoS攻撃を参照

米国国土安全保障省 → DHSを参照

米国標準技術研究所 → NISTを参照

米国連邦政府人事管理局 → OPMを参照

ユニバーサル・プラグ・アンド・プレイ → UPnPを参照

ランサムウェア → Ransomwareを参照

ロッキード・マーチン・サイバーキルチェーン → Lockheed Martin Cyber Kill Chainを参照

◆ 監修者

大河内智秀（おおこうち・ともひで）　CISSP

東京電機大学客員准教授／東京海上日動リスクコンサルティング株式会社上席チーフコンサルタント／一般社団法人CySecPRO理事／日本シーサート協議会運営委員。CSIRT構築支援、スレットハンター育成、サプライチェーン監査基盤開発などサイバーセキュリティに関する教育・調査研究・コンサルティングに携わる。共編著訳・監訳書に『CISSP認定試験公式ガイドブック』『サイバー攻撃からビジネスを守る』『訴訟・コンプライアンスのためのサイバーセキュリティ戦略』『CSIRT』『新版 CISSP CBK公式ガイドブック』（以上NTT出版）など。

◆ 著者

竹内文孝（たけうち・ふみたか）　CISSP

NTTコミュニケーションズ株式会社 経営企画部マネージドセキュリティサービス推進室長、セキュリティ・エバンジェリスト。2001年にNTTコミュニケーションズ株式会社においてウイルス対策サービスを開発し、その後セキュリティオペレーションセンターを設立。後にM&A企業のPMIに従事し、NTTコムセキュリティ株式会社代表取締役社長に就任。現在、NTTコミュニケーションズが展開するセキュリティサービス「WideAngle」のサービス責任者であるとともに、各種イベントやセミナーにてサイバーセキュリティに関する動向や展望などお客さまベネフィットを見据えた講演を多数実施。

伊藤潤（いとう・じゅん）　CISSP, CISM, CISA, CFE, CGEIT

CySecPRO講師／元内閣官房内閣サイバーセキュリティセンター政策調査員。大手證券会社の情報システム部門にてシステムエンジニアを11年間経験後、複数のコンサルティングファームで、内部統制整備、情報セキュリティ管理、IPO支援、デューデリジェンス、個人情報保護、ITリスク管理、BCM支援、PMO支援、サイバーセキュリティアドバイザー、CSIRT構築等に従事。東京電機大学国際化サイバーセキュリティ学特別コース教員。サイバーセキュリティのスペシャリストとして多方面で活躍。

決定版 サイバーリスクマネジメント
企業価値を高める最新知識と戦略

2019年 8 月 23 日　初版第 1 刷発行
2020年 9 月 23 日　初版第 4 刷発行

監修者	大河内智秀
著者	竹内文孝／伊藤潤

発行者	長谷部敏治
発行所	NTT出版株式会社
	〒108-0023
	東京都港区芝浦3-4-1 グランパークタワー
	営業担当：Tel. 03 (5434) 1010
	Fax. 03 (5434) 0909
	編集担当：Tel. 03 (5434) 1001
	https://www.nttpub.co.jp

デザイン	米谷豪

印刷・製本	共同印刷株式会社